ちいさな着物遊び

縫って 飾って お人形さんに着せて
布合わせから仕立て方まで

ギャラリー古古
大井とき江

ごあいさつ

世界各国には、それぞれの民族衣装とともに歴史があります。特に古い布は職人たちが苦労の末に考えついた手仕事の集まりで作られてきました。我が国にもすばらしい着物という民族衣装があります。しかし生活環境が変わったために、正装の場合以外には着る機会がほとんどなくなりました。地方によって違いはあるものの、ほんの20〜30年前までは娘の結婚のときには多くの着物を用意するという習慣が続いてきました。今やその着物たちは一度も手を通す事もなくタンスに眠ったままといった方がたくさんおられるかと思います。これらの着物は、着ないからといって捨てるわけにもいかず、置き場にさえ困っている状態を耳にもします。

この着物、皆さんどうされますか。子育ても終わり、時間の余裕が出来、趣味のサークルや健康のための運動などにもお忙しいでしょうが、親が幸せを願って用意してくれた着物たちに気付いてみてはいかがでしょうか。着ない、使わないならば、何らかの方法で少しでも利用して残すという手立てを考えてみませんか。着物として残せない今、お気に入りの着物を小さな着物に仕立て直してインテリアとして季節ごとに飾ったり、また簡単な手作りの洋服に替えたりして、少しでも思い出を残してはいかがでしょうか。涼しげな絽の着物はのれんとして使ったり、

残った小さな布はお手玉をたくさん作ってご近所の子供たちや老人ホームのリハビリ用として、またかわいい柄は巾着やバッグを縫ってお友達にプレゼントするとよろこばれます。何よりいちばんは小さな柄の着物は小さな着物に作り替えると、それはとてもとても愛らしいものです。

本書では小さな着物を作ることを主として、そういったアイディアをご紹介しています。着物がいかに効率よく作られているかといった先人の知恵の数々を知ることも無意味ではなく、またあるいは新しい発想が生まれて着物にはまってしまうかもしれません。私は古い着物が大好きで、自分や娘の着物だけでなく、すばらしい古布を探しては少しずつ買い集めて人形の着物を作ってきました。そんな布好きの仲間と30年に渡り、人形の着物作りを主としてお付き合いをし、今でもたくさんの方々との楽しい出会いが続いています。この本の出版にも協力してくださり、皆さんに感謝しております。

さあ、一度タンスを開けて着物たちに再会してみましょう。結果、愛おしくて着物のまま残すもよし、それぞれの思い出にひたるもよし、とにかく布に触れてみましょう。同じお気持ちの方々とご一緒に、新しいアイディアが生まれ、楽しいお手縫いが出来ることを願っています。

ギャラリー古古　大井とき江

目次

この本の着物について

- 一般的に市松人形の着物は、着物と下着（かさね）と長じゅばんの3枚でひと揃えとします。本書では15号の寸法の着物を作ります。これは、タンスの中で眠っている着物で作ることを考えた場合、柄の大きな着物が多いためです。明治時代などの古い着物は柄の小さいものが多くありますが、その後はどんどん柄が大きくなり、小さな着物として仕立てるにはうまく柄がとれない場合があります。15号の大きさならば柄も合いやすく、お人形さんに着せずに着物だけで飾ったときも見栄えがします。また古い着物は布がやわらかくなっていますが、新しい着物はややかたくて小さな着物を縫うには難しいということもあります。
- 裏布を付けた袷《あわせ》の着物の作り方を解説します。着物、下着、長じゅばんともすべて裏布を付けます。縫いやすさを考えて、人間の着物とは一部違う縫い方をします。
- 子供の着物と同じように考え、腰あげ（おはしょり）と肩あげをします。下着と長じゅばんは、腰あげをしない対丈《ついたけ》で作ります。対丈とは着丈と同じです。本来、着物と下着は同じ丈で作り、2枚一緒に腰あげや肩あげをしますが、本書では下着は対丈で作ります。
- 下着は着物を重ねたときに表に出ないように、着物と身幅や衿肩あきの寸法を変えています。本書では着物と長じゅばん、被布の縫い方を解説しています。下着の縫い方の解説をしていませんが、着物と同じ縫い方なので着物の縫い方を参照してください。
- 長じゅばんは、おくみの代わりに立衿《たてえり》を付け、本衿を付けます。さらに必ず半衿を付けます。
- 巻末のとじ込み付録に各号の衿肩あきとおくみの衿付けカーブ、被布の小衿と衿肩あきの実物大型紙を掲載しています。

小さな着物を楽しむ

ミニサイズから18号までのサイズの着物をご紹介します。
着物だけで飾ったり、市松人形に着せ替えたりと楽しみ方は人それぞれです。
季節にあわせて飾り替えるのもいいですね。思い出の着物を愛らしい
小さな着物に作り替えて、いつまでも大事にしたいものです。

比較的新しい着物を使った平袖の着物。着物の柄は切り紙のようなふくらすずめです。衿と袖からちらりとのぞく草色がさわやか。下着には絞りを使っています。

● 15号

左の紺碧《こんぺき》の着物は、紬に蛤の刺繍をした子供のお宮参りの着物だったもの。柄を考えると一枚しか取れなかった、とても贅沢で上品なひと揃いです。下着も鶴、亀、松竹梅を描いたおめでたい柄を合わせ、さらに長じゅばんの半衿に鶴をしのばせました。下着、長じゅばんともに江戸ちりめんです。

● 18号

長じゅばん

下着

着物だけで飾る

もともとは市松人形に着せ替える用の小さな着物ですが、最近では着物だけを飾ることも増えました。落ち着いた色の着物でも、インテリアとしてお部屋に花をそえてくれます。前から見ることに重点をおいて柄を取っているので、飾るときも前を見せて飾ります。

ミニサイズの着物。古いお膳にたくさん並べて飾りました。ミニサイズは、下着を合わせずに着物と長じゅばんの2枚重ねです。

こちらもミニサイズ。衣桁に掛けると、好きな場所に置くことが出来ます。ミニサイズの着物の柄を選ぶときは、出来るだけ小さな柄を探してください。

下着

長じゅばん

着物、下着、長じゅばんともに江戸ちりめんを使用。半衿の鮮やかなピンクが着物の華やかさにも負けずに引き立っています。着物と下着に付けたひもを後ろで一緒に結んで愛らしく。一緒に飾った犬筥《いぬばこ》は安産や子供の守り神の意味を持つもの。敷物は、祝い亀と鶴柄の江戸ちりめんです。

● 4号

どちらも小さな花柄が着物の大きさにぴったりです。左は紫紺《しこん》のような深い紫に桃花色を合わせたメリハリのある組み合わせ。右は着物のやさしい色合いを考えて、ふきやひもにも同じ共布を使ってふんわりと合わせました。屏風にもちりめんの柄を切り抜いて使っています。

●左2号、右ミニサイズ

ひも飾り

小さな着物には付けひもが付いており、お守りの意味を込めてひも飾りを刺します。写真のようにひも飾りを目立たせる色合わせ、同系色でなじませる色合わせなど、着物、ひも、ひも飾りの色合わせも楽しんでください。ひも飾りにはいろいろな図案がありますが、小さな着物はひもの幅もせまいので、シンプルな図案の方がきれいに見えます。

着物と一緒に飾るもの

着物と小道具を一緒に飾るとより雰囲気が出て楽しめます。古い小さな家具などはお人形遊びやひな人形のパーツだったものでしょう。古布や骨董を扱うお店で売られている場合が多く、着物に合わせて小道具を探すのも楽しみのひとつです。また屏風やお手玉などの布ものは、自分で作れば着物とのサイズ感も合わせられます。

お人形遊び用のかつら。はぎれで小さな小さなお手玉や飾りを作って着物と一緒に並べてみましょう。

人間用の下駄。右はぽっくりと呼ばれるものです。どちらも鶴の豪華な模様が描かれており、15号や18号の着物と一緒に飾ると見栄えがします。

大きな刺繍が入った帯は、小さな着物用としては使えませんがとても美しいものです。着物の下に敷いたり、後ろにたらして飾るのはいかがでしょう。

藤色のぼかしに雪持ちの木と鶴が描かれた繊細な江戸ちりめん。職人さんの手がかかっている布です。下着には朱色を合わせてきりりと引き締めています。後ろ姿にもうまく鶴の柄を配置しました。

● 6号

着物は赤と青の組み合わせが明るく華やかな綸子。流水模様と舟が描かれていることから、桜の花びらが水に散っている風景を思いめぐらしたものでしょうか。下着はちりめん、長じゅばんには、御所人形のかわいい柄の綸子を選びました。

● 8号

長じゅばん

下着

着物にはしぶい江戸小紋を裾回しの浅緑と合わせて。下着は千鳥が飛ぶ海辺の柄と色がかっこいいちりめんを。長じゅばんは橙色が美しいメリンスを合わせました。裾回しと半衿の色を合わせています。

● 10号

３cm角の四角形を９００枚つないで市松模様の着物にしました。衿まで四角形をつなぎ、四角がきちんととぎれずに収まるサイズに考えています。手をかけた分、迫力のある仕上がりに。

●18号

お人形さんに着せる

市松人形にはいろいろなサイズがあるので、間違わないように測って確かめてから着物を作ってください。お人形さんにはそれぞれに個性があります。表情や雰囲気によって、ぴったりと思うような似合う柄があります。小さなお人形さんの場合は着物の付けひもを結びますが基本は帯を締めます。

紅葉や菊、梅、松葉といろいろな植物が描かれた着物。茶色の着物はめずらしく、一見地味に見えそうですが、牡丹色のようなはっきりとしたピンクと合わせることで愛らしくなりました。

●6号　人形 伊藤熙子作

紺桔梗《こんききょう》と朱色の組み合わせがきりりとして端正に見えるちりめんの着物です。帯は帯締めに帯あげと正式なひと揃いですが、付け帯（71ページ参照）で簡単に付けられるようにしています。

●13号　人形　伊藤熙子作

鮮やかな青に桜模様が印象的な錦紗の着物です。桜の色に合わせて、下着と長じゅばんにも濃淡のピンクを使いました。若々しくさわやかに。

● 12号　人形 伊藤熙子作

長じゅばん

白緑《びゃくろく》のような淡い緑とも水色ともとれるような色に小さな花が繊細に描かれた江戸ちりめんです。ミニサイズの着物なので、中は長じゅばんのみ。贅沢に江戸ちりめんを使いました。

● ミニサイズ

ふっくらとやさしい顔のお人形さんに合わせて、ぽってりとしたちりめんのかわいい着物を選びました。あどけなさの残る雰囲気にぴったりです。

● 13号　三つ折れ人形　伊藤熙子作

ゴーチェ作のアンティークのフランス人形です。もともとは白いワンピースにレースのケープ姿ですが、めずらしい国旗やはがき柄の着物がよく似合います。長じゅばんは、国旗柄に合わせて幾何学的なうろこ柄を選びました。帯は三尺を結んで愛らしく。

● 18号

長じゅばん

国旗やはがきを描いた、当時としてはかなりモダンだったと思われる柄です。下着にも同じ布を使いました。四葉のクローバーの中には、男性と女性の足下が描かれていて、2人の幸せを願うかのようです。

下着

銘仙の着物に絞りの被布を合わせました。朱や橙色と紫は相性のいい組み合わせです。被布の裏布は、麻の葉の地模様が入った子供が遊んでいるおもしろい柄。

●15号

新しい着物を使って

新しいといっても新品を購入して使うのではありません。

明治時代などの古布ではなく30年ほど前の着物、着ずにそのまま残してあった着物のことです。

布に張りがあり、柄も大きくてはっきりとした色使いの着物が多くなります。

桔梗、菊、すすき、撫子と白地に何種類もの植物が描かれた昭和50年代の小紋の着物を使っています。タンスに眠っていた着物がこんなに愛らしくなりました。72ページからこの着物を使って作り方の解説をしています。

● 15号

鶴や亀を持った子供、おもちゃ、梅や桜の花を描いた素朴でかわいらしい羽二重の着物は、娘が子供の頃に着たもの。こうして思い出の着物を小さな着物にしていつまでも残しておけます。後ろはおひなさまの柄を取りました。

●2号

筒袖の着物にちゃんちゃんこを合わせました。筒袖の着物は男の子の普段着です。ちゃんちゃんこは軽く綿が入っています。お人形さんの着物のレパートリーのひとつとして。

● 15号

人間の着物を袖や衿の比率を変えずにそのまま四分の一にしたものです。お人形さんの着物用と違って、シンプルな形です。表布には紬を使いました。

腰あげをせずに裾を広げて飾るタイプの着物。後ろを見せて飾るので、いい柄の部分を後ろにもってくるように考えます。大きくて華やかなバラの柄が生きています。

● 18号

渋い色合いをつなぎ合わせたような絞りの着物。こちらも後ろを見せて飾るタイプです。

● 15号

愛らしい被布

この本で紹介する被布は袖のないタイプです。着物と合わせたときに袖がないほうがかわいらしく見えます。25ページのように着物と同じ布でおそろいに作っても、24ページのように違う布でメリハリを付けてもかまいません。被布を着せるだけで、より特別感が出ます。被布だけで飾る場合は裏布が見えるので、色がきれいだったり柄がおもしろいなど、裏布にも凝るのがお勧めです。

着物の色合わせと柄合わせ

着物の楽しさは、何と言っても着物、下着、長じゅばんにどんな柄と色を使うかということです。

合わせたときに、着物からちらりとのぞく色。着せ替えるときに見える柄のおもしろさと美意識。

基本は出来るだけ3色以内にまとめると全体がすっきりと仕上がります。

新しい着物と古い着物とでは、色のトーンが違うので、出来ることなら着物、下着、長じゅばんの3枚の作られた時代を同じにすることをお勧めします。

着物

下着

長じゅばん

梅柄を合わせたひと揃いです。着物は一つ身の祝い着だったもの。瑠璃色に紅白の梅が浮かび上がっています。着物が昼間の青空の中の梅ならば、下着は夜の闇に照らし出された梅のような柄を選びました。長じゅばんは着物の紅梅のピンクに合わせて、目の覚めるような美しい色合いのちりめんにしました。

● 13号

着物

夜に浮かび上がる花の扇といった幻想的な着物。下着にも着物と同じ布を贅沢に使っています。着物の裾回しは共布、下着の裾回しは鮮やかな青のちりめんです。長じゅばんは着物の花扇のピンクに合わせてすっきりと見せます。

● 18号

下着

長じゅばん

着物

菊や紅葉などの秋の植物と蝶を描いたちりめん。着物の赤と蝶柄に合わせて下着と長じゅばんを選びました。長じゅばんの半衿は着物の草色に合わせました。

● 15号

下着

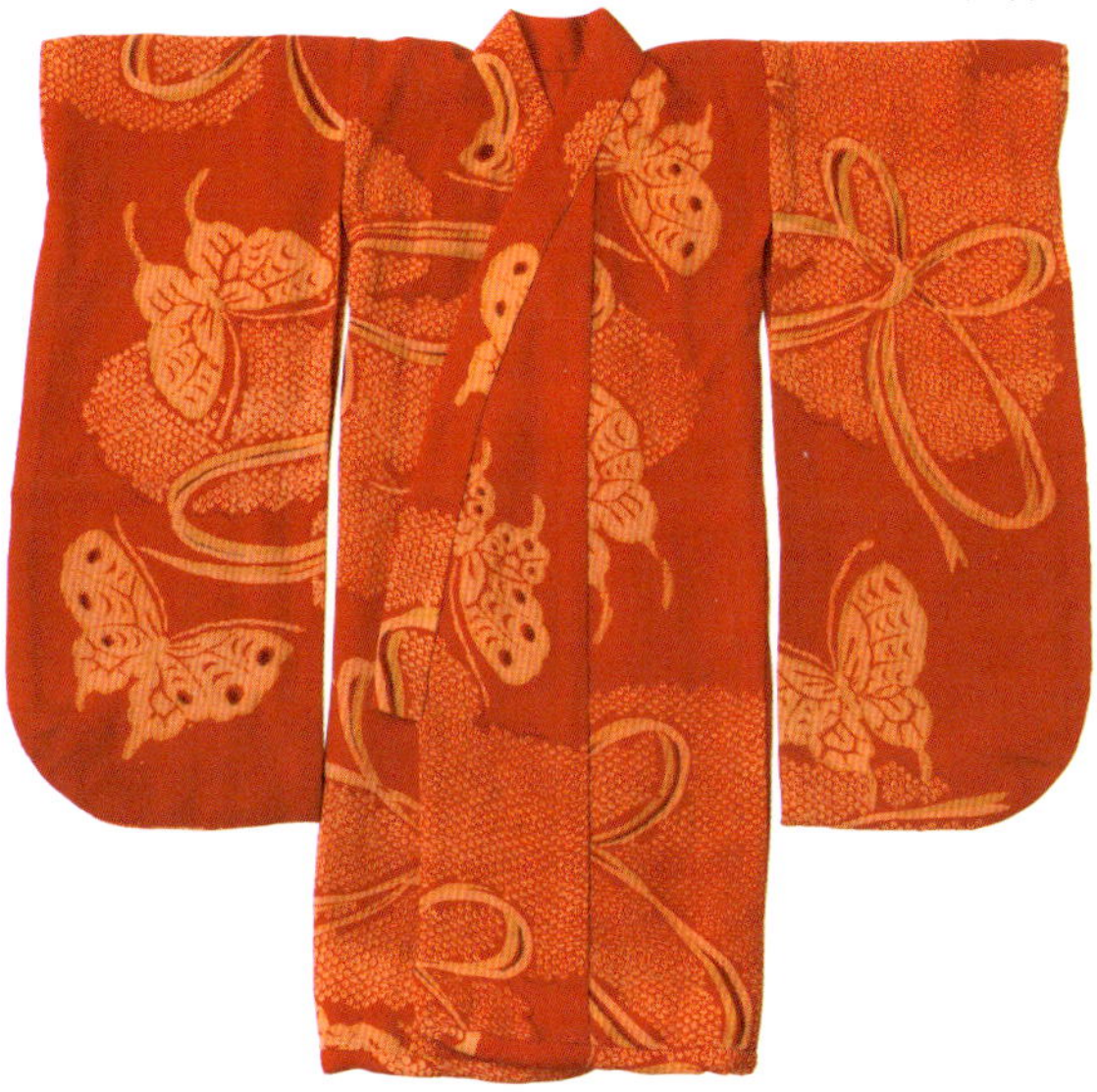

長じゅばん

着物

たくさんの色を使った力強い柄の着物。下着も色数は少なくてもインパクトのあるデザインで、着物の赤と色を合わせました。長じゅばんは、どんな柄とも合う疋田《ひった》柄でひかえめに。

●15号

下着

長じゅばん

着物

比翼仕立て（下着を着物に縫い付ける）、肌じゅばん、裾よけのひと揃い。御所車の描かれた男の子用の平袖の着物です。付けひも飾りの刺繍と半衿の色を揃えました。

●15号

下着

長じゅばん

江戸ちりめんの3枚重ねです。着物は細かな柄がびっしりと描かれた産着だったもの。柄の大きさも小さな着物作りにはぴったりです。下着と長じゅばんは花柄でもすっきりとしたものを選び、半衿で着物と紫の色を揃えました。

● 13号

着物

着物

たくさんの色を使ったちりめんの着物は、昭和初期のもの。保存状態がよく、15、13号と2枚の着物を作ることが出来ました。下着はちらりと見えたときにもかわいい疋田柄。長じゅばんに動きのある柄を選びました。

●13号

下着

長じゅばん

着物

一つ身（赤ちゃんから2歳くらいまでの幼児用の着物）の初着だった落ち着いた色目のちりめんです。たなびく雲に流水、宮中の雅な様子が描かれています。

● 13号

下着

長じゅばん

橘の日本刺繍がはいった下着は、もとは大人の振り袖の下着だったもの。長じゅばんは抑えた色合いで上品に、ちらりとのぞく裏布のピンクでかわいらしく。草色の半衿が着物と合わせたときに引き立ちます。

着物

● 13号

3枚ともに昭和初期のもの。とくに着物は状態のよいちりめんで、鳳凰、御所車、花々、波、網と職人さんの技がつまった総柄。着物に柄が多いので、下着は無地に近いものを合わせています。長じゅばんの袖の裏布は無双仕立てが本来の作り方ですが、布が足りなかったので別のちりめんを使用。ここには胴裏に使う紅絹は使いません。

下着

長じゅばん

着物

色も柄も個性的で斬新な大正末期の着物です。着物のおもしろさに負けないように下着は深緋《こきあけ》の江戸ちりめん、反対に長じゅばんは淡くやさしい色合いの菊柄を合わせました。長じゅばんは袖丈が足りなかったために、見えない部分で接いでいます。足りない布を考えてやりくりしながら完成させることも、布遊びのおもしろいところです。

●13号

下着

長じゅばん

着物

裏布を付けない涼しげなひとえの着物です。版画のようなおもしろさのあるとんぼ柄から、青い長じゅばんがのぞいたときの鮮やかさが美しい組み合わせです。着物はちりめん、長じゅばんは紬、半衿は絽を使っています。

● 12号

長じゅばん

着物

大胆な色と柄の着物です。着物がにぎやかなので、下着には落ち着いた色と柄の上品な布を選びました。イメージは対照的ですが、ピンクとグレーは相性のいい組み合わせです。長じゅばんは着物と近い赤でつながりをもたせます。

●8号

下着

長じゅばん

着物

葡萄茶《えびちゃ》、蘇芳《すおう》、といった深く落ち着いた色合いがめずらしく、独特の雰囲気のある着物。着物、下着、長じゅばんともに江戸ちりめんです。

●8号

下着

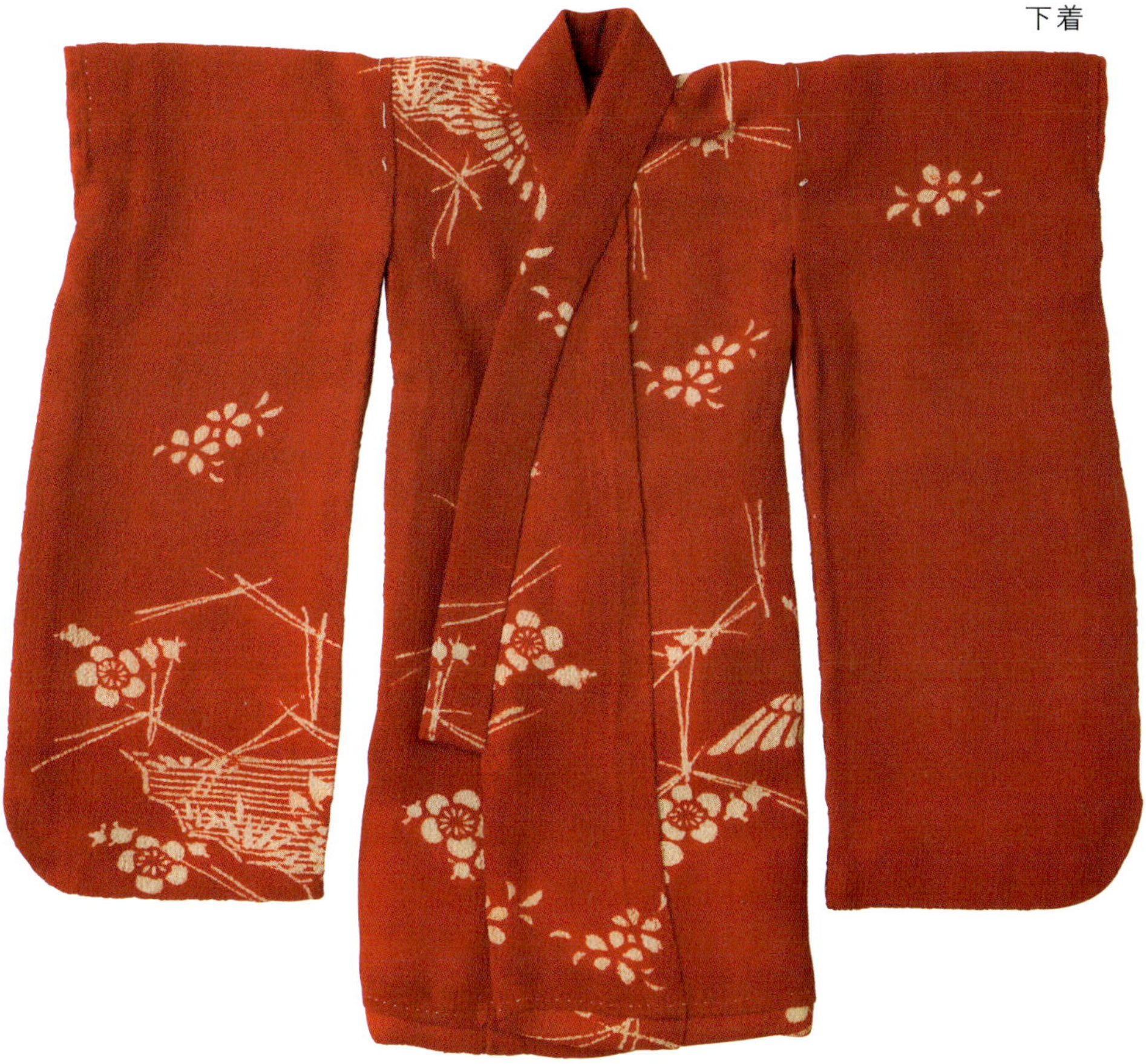

長じゅばん

下着の深く濃い赤、長じゅばんの半衿の柳茶色のような渋い緑が着物とよく合います。

下着

長じゅばん

紅葉と桜が一緒に描かれた江戸ちりめんの着物。若紫に紅葉の赤が目を引きます。下着は着物の白い花びらに合わせて白にし、うっすらと赤が透けて見えるのがきれいです。長じゅばんは着物と紅葉と桜柄を合わせせました。

●8号

着物

着物

黒に近い紫にダリアのようにも
見える菊づくしが個性的な着物。
下着には着物の菊と色を合わせて
朱色、長じゅばんには着物の黒に
引き立つ薄水色を合わせました。

●4号

長じゅばん

下着

着物

3枚とも江戸ちりめんを使いました。とても小さいサイズですが、江戸ちりめんの柄の大きさがぴったりです。着物は水に虫かごで夏向きの柄ですが、紅葉や桜も入っています。下着は模様部分に刺繍をあしらったもの。長じゅばんは着物に合わせて桜柄です。

●3号

下着

長じゅばん

長じゅばん

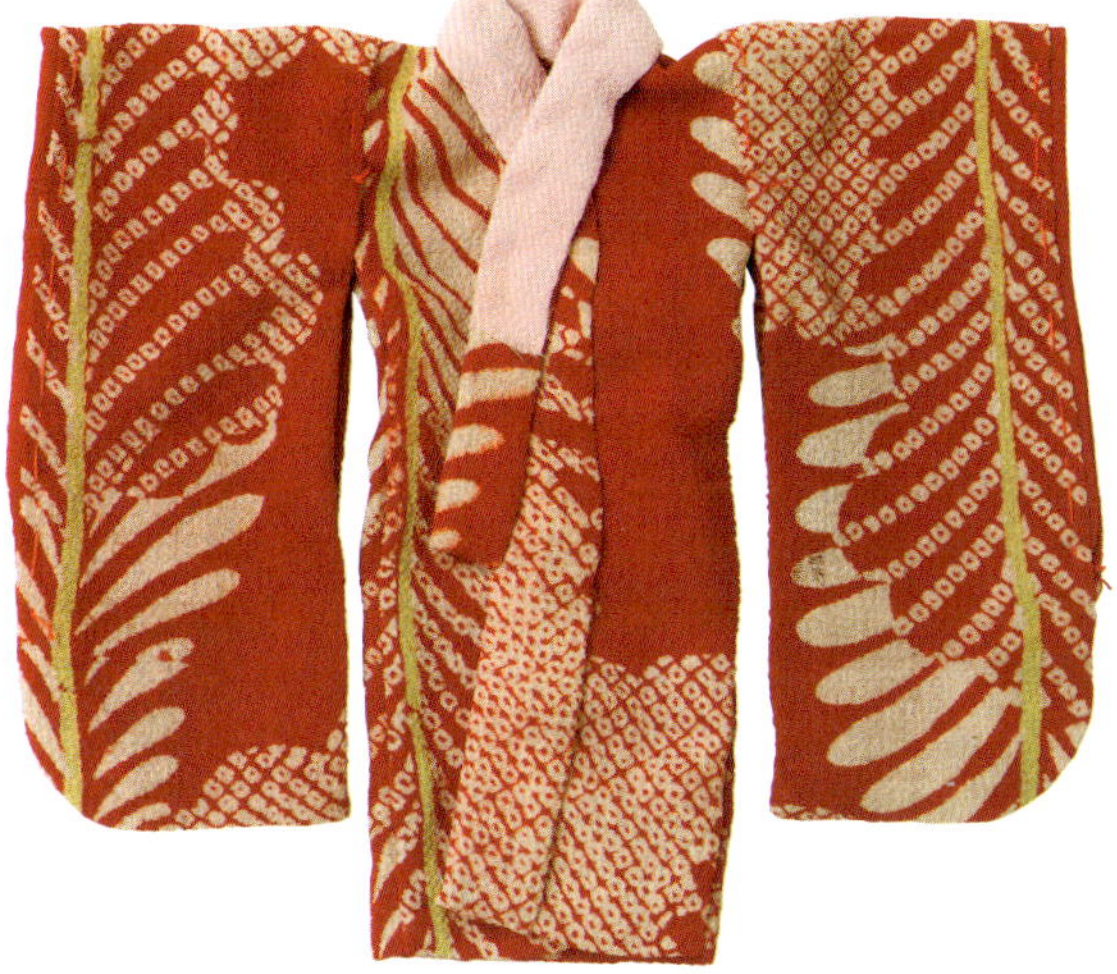

下着

3枚とも江戸ちりめんです。小さいサイズを作るにはやわらかな江戸ちりめんが向いてます。着物は深紅に線画のように繊細な柄が描かれています。長じゅばんは左右の袖に黄色のラインが同じように入るように柄を取りました。

●3号

着物

こちらも3枚とも江戸ちりめんです。着物はたくさんの色と柄が使われているとても上品なもの。3枚を重ねるときは、柄物の次は無地系、無地の次は柄と交互に合わせると全体がすっきりします。

●3号

下着

長じゅばん

どちらも着物に使われている色を取り出した愛らしい花柄ですが、柄の密度が違います。

着物

長じゅばん

淡い色合いが美しい江戸ちりめん。撫子、朝顔、菊と繊細なタッチで植物が描かれています。長じゅばんは付けひもと同じ赤で揃えました。小さな着物ほど仕立てが大変です。

●ミニサイズ

着物

長じゅばん

真紅に桜柄の江戸ちりめんです。花びらの先にほのかに色づいたピンクがとても美しい表現です。長じゅばんも桜柄、付けひもと半衿のピンクを合わせました。

●ミニサイズ

着物の柄をじっくりと見て、色合わせ、柄の大小、柄の密度を考えます。これとこれ、気持ちよく合うものは多くありませんが、布を慈しみ、職人さんの技に敬意を払い、愛らしい着物を想像するだけでも楽しい時間です。

小さな着物を縫う

着物を縫うことは、小さくなればなるほど難しくなります。使う着物の柄の大きさ、質感によっても縫いやすい場合と縫いにくい場合があります。まずは一枚、着物を縫ってみましょう。最初に縫う着物は15号くらいの大きめをお勧めしますが、持っているお人形さんの大きさに合わせるとよいでしょう。そのほうが針も進みます。まずは人間の着物をほどくところから解説します。

布選び

布選びはとても大事です。まず作りたいサイズを決め、そこから布を選びます。逆に使いたい布がある場合は、その布の柄に合わせてサイズを決めてもかまいません。この本では、古い着物をほどいて使っているものが多くありますが、基本的にどんな布でも使えます。古布を使う場合は、穴や汚れがないか、薄くなって劣化している部分がないかをチェックしておきましょう。色や柄は大事ですが、使えなくては意味がありません。

付けひもの付いた着物。紋も入っています。昭和初期の初着（お宮参りの時の着物）です。少し柄が大きいですがとても華やかで美しい着物なので、大きめの号数にはぴったりです。

大正時代末期の四つ身の着物。隠れ笠、丁字、宝巻などの宝づくし文様です。柄が大きすぎず、方向性がなく全体に入っているので、小さな着物にしたときにも向きを気にせずに使えます。

着物

どんな種類の布でもかまいませんが、ちりめんをよく使います。やわらかくて針通りもよく、お人形さんに着せたときにもなじみます。またちりめんや錦紗などの伸びる布は、裾のつまがきれいに出ます。裏布には紅絹をよく使いますが、ちりめん、錦紗、綸子なども向いています。

子犬が愛らしい柄のちりめん。地にも細かい水玉のような柄が入るなど手が込んでいます。

ポイント的に色を使ったとてもおもしろい一枚。 花見の宴を描いた柄の一部分です。

落ち着いた色合いのちりめん。 柳に小鳥が止まった墨絵のような世界です。

京都の名所を描いた江戸ちりめん。右下は清水寺、ほかにも円山公園の桜や宇治の平等院、銀閣寺などが描かれています。ぼかしがとても上品。

昭和初期のちりめん。 暖色の葉っぱと寒色のとんぼの色の対比が美しい布です。

流水に杜若。赤と青のきりりとした色の組み合わせが目を引きます。

今で言うパネルプリント。一部分を取り出して、12ページの屏風のように使ってもすてきです。

伊勢エビにイカなどめずらしい柄の江戸ちりめん。男物の長じゅばんだったものです。

干支を描いた昭和初期のちりめん。ほかにも寅や午が描かれています。地の青紫が鮮やかです。

小さい着物には不向きですが、幻の1940年東京オリンピック柄のウール地、メリンス。男の子の一つ身綿入れの着物だったもの。

のんびりとくつろぐ鹿を描いた江戸ちりめん。鹿は長寿のシンボルにもなっています。

下着

錦紗とちりめんが主です。着物との組み合わせにもよりますが、赤やグレーの色が着物からのぞくとポイントになります。また、着物のように裾の柄取りなども考えるのも楽しいものです。

長じゅばん

綸子や錦紗などの地模様があるものや小紋が主。淡い色やピンクや赤系のかわいいものを選びます。ちりめんなら無地を主に使います。

半衿

刺繍がびっしりと入り、とても美しいものがたくさんあります。お人形さんの着物には、小花など、図案ができるだけ小さいものを選びます。帯に関しても同じです。

留袖の活用

タンスの中に、黒留袖があるという方は多いのではないでしょうか。お人形さんの着物にするには地味になってしまいます。そこで裾に入った柄をそのまま生かして、間仕切りにしました。柄の部分だけを使ったので、落ち着きはありますが着物のときよりも華やかです。裏地もそのまま留袖の裏布を使いました。裏の赤がうっすらと透けて、表地がピンクがかって見えるのも間仕切りならではの美しさです。

着物をほどく

着物をほどくときは、仕立てと逆の順番でほどきます。手縫いなので、意外と簡単にほどけます。昔から、ほどいて洗いはりをしていたことを考えれば当然です。まず衿からはずします。衿の先の角の縫い目にリッパーや糸切りばさみを入れて糸を切ります。衿がはずせたら衿の芯などもはずしておきます。次に袖をはずします。裏地の袖口布もはずしておくといいでしょう。とめ縫いでしっかりと縫いとめているところは、着物をやぶらないように注意してください。袖の次はおくみです。裾が一緒にはずれるので、そのまま裾もはずします。表布と裏布は、あらく中とじをしているので、その糸を切って表と裏をはなします。最後に前身頃と後ろ身頃をほどけば終了です。ほこりや糸くずもきれいに取り除きましょう。

25ページで紹介した着物の元になった人間用の着物です。たくさんの種類の植物と花車が描かれています。白地の着物なので、裏布も白。裾回し（八掛）が紫の濃い色なので白地の表にひびかないようにぼかしが入っています。

衿の先の角からほどいていきます。

このようなパーツに分かれるので、
ここからお人形さんの着物のパー
ツを切り出していきます。

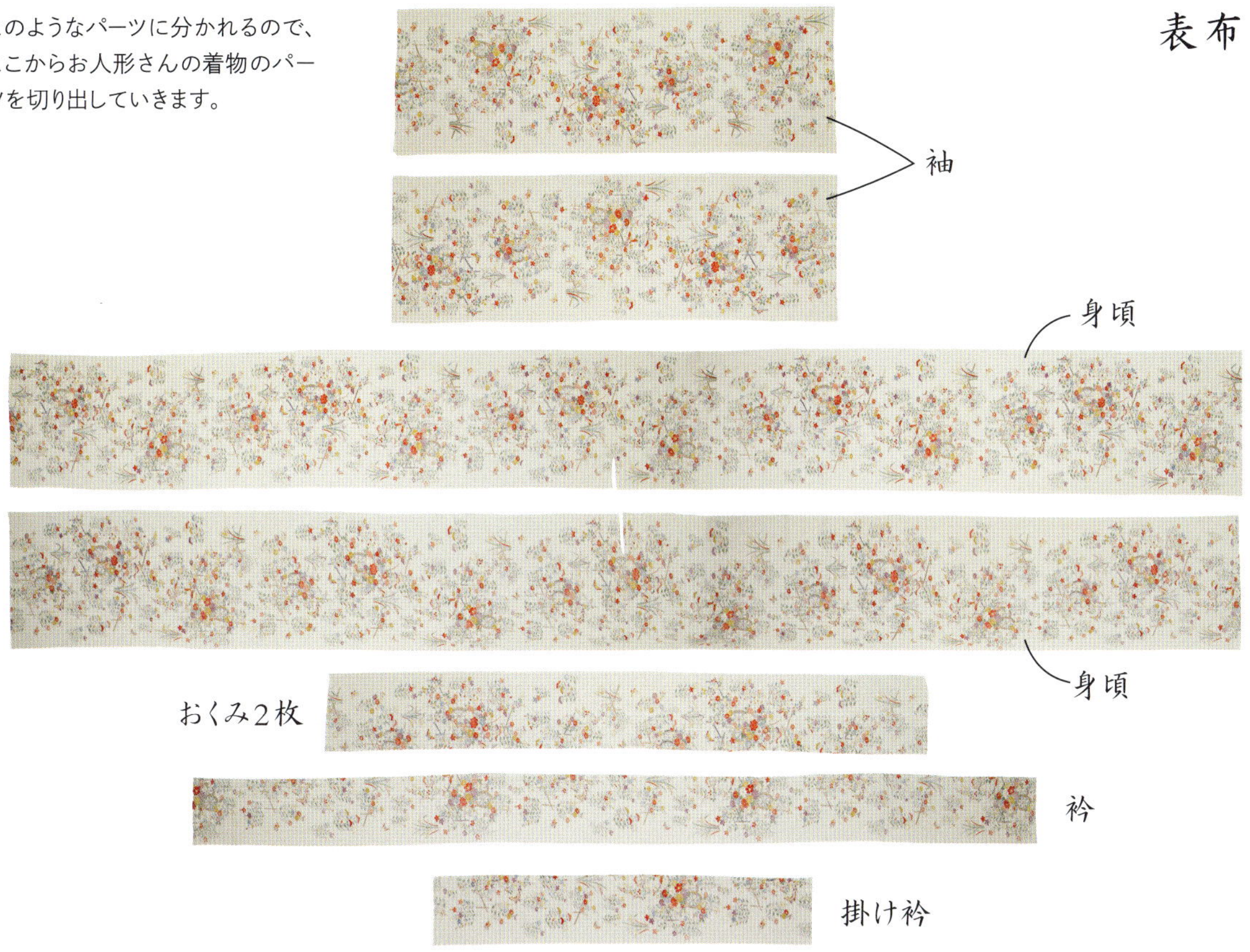

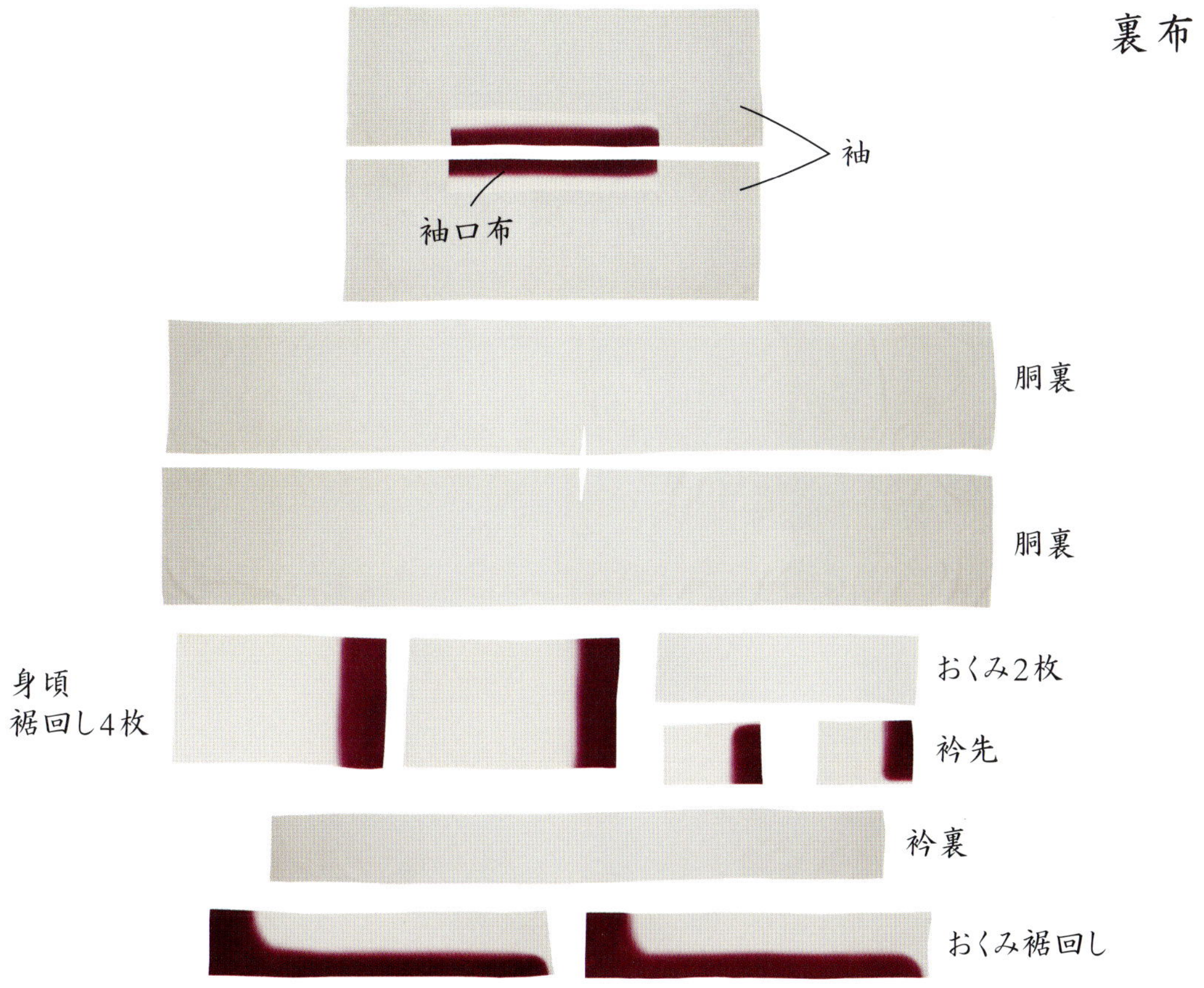

材料と用具

用具は特別なものはなく、普段通りの使い慣れたものでかまいません。着物の生地に合わせて糸や針は変えた方が縫いやすくなります。また、和裁独特の用具があると便利です。

針と糸

針は細くて短いきぬぬいを使います。くけるときは四ノ三が便利です。まち針は長いものと短いものを、縫う場所に合わせて使い分けてください。

糸は絹の手縫い糸です。着物と同じ色の糸を使うので、色数は豊富なほうがいいでしょう。カード巻きで糸に折り目が付いてしまっている場合は、アイロンなどで伸ばしておきます。表に縫い目を見せるぞべ（飾りしつけ）には必ず白の絹のしつけ糸を使います。

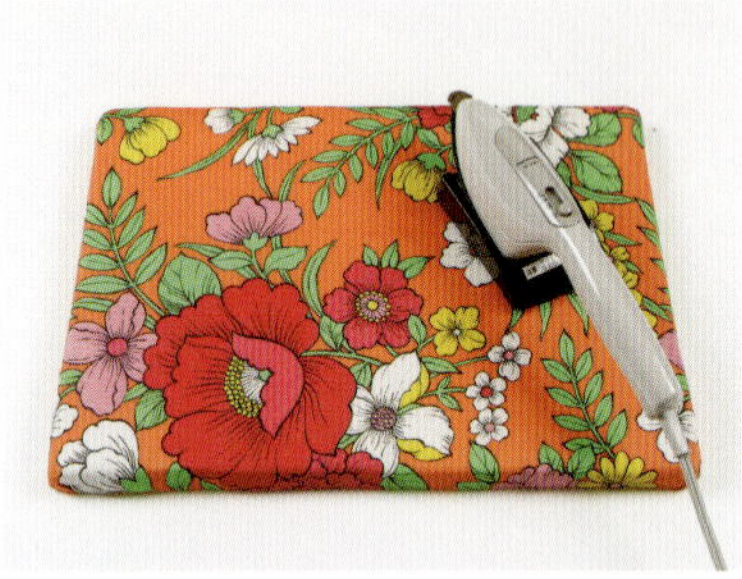

こてとアイロン台

アイロンタイプのこてが、小さな部分も押さえやすくて便利です。パッチワーク用のミニアイロンでもかまいません。

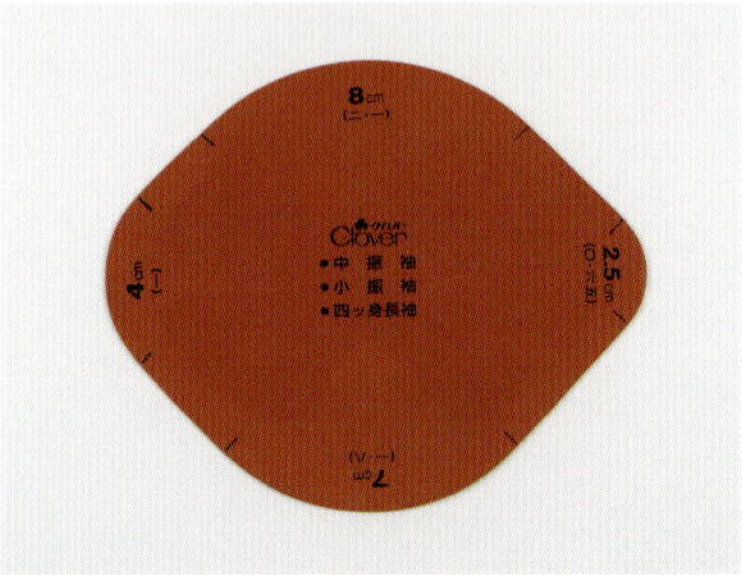

袖丸み形

和裁用の袖の丸みを付ける型紙です。大・中・小の3枚セットで販売されています。

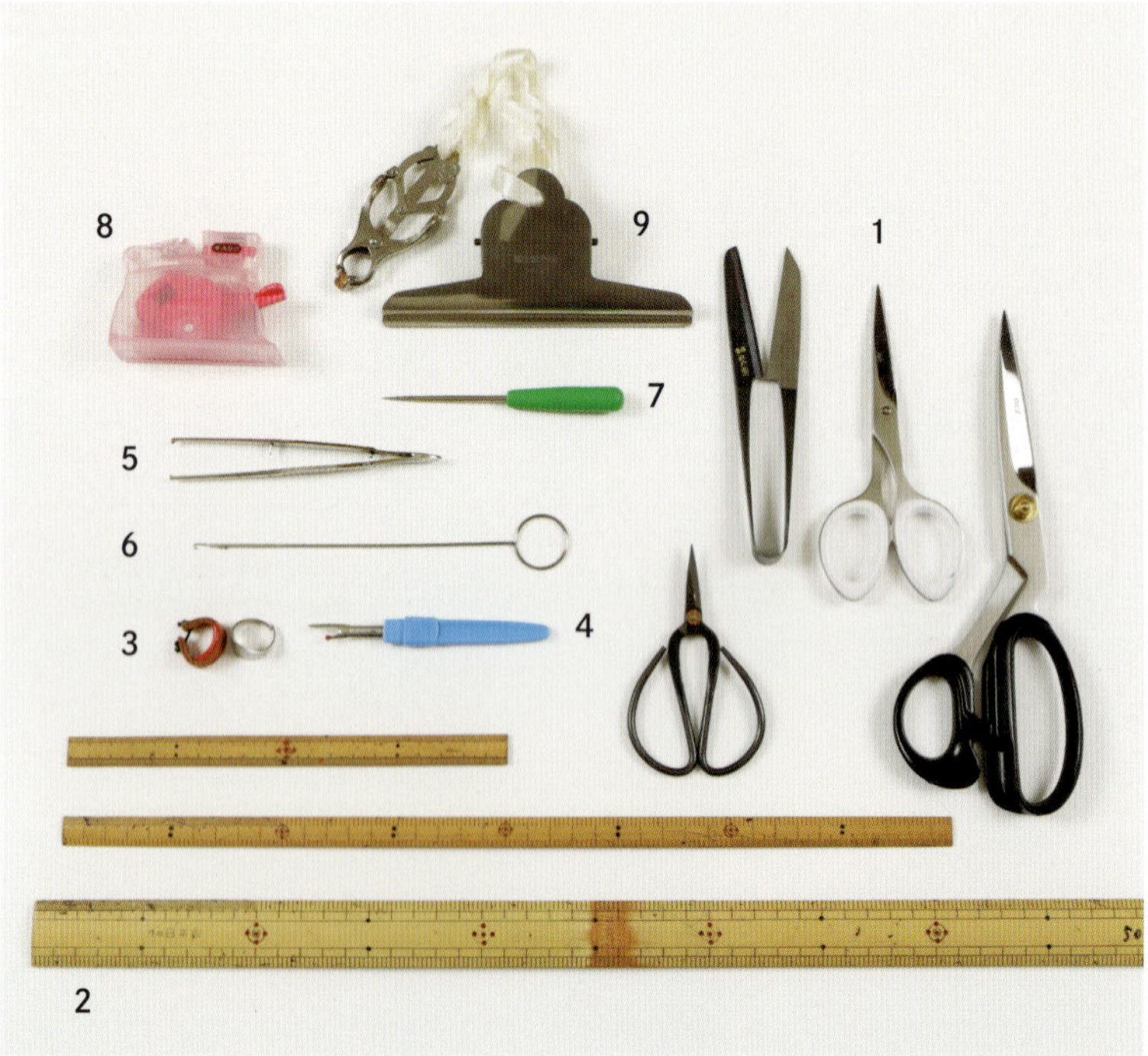

1. はさみは裁ちばさみと糸切りばさみ、小さくて先のとがったはさみがあると便利です。**2.** ものさしは長いものと短いものを。**3.** 指ぬき。**4.** リッパー。着物をほどくときに。**5.6.** ピンセットやループ返しは、中表に縫った布をひっくり返すときや、小さな布を置くときにあると便利です。**7.** 目打ち。**8.** 糸通し。**9.** かけはりは和裁の便利用具。布をくけるときに、かけはりで布をくわえて引っぱりながら縫うとくけやすくなります。アイロン台や机にクリップをはさんで固定して使います。このほかに布を裁つときは文ちんなどの重しがあると便利です。

青梅綿《おうめわた》

薄手の綿100%の綿。何層にも重なっているので気を付けながら広げ、必要な長さを手でちぎります。布団店や大型手芸店、ネットで購入出来ます。

へら台

和裁で布にへらで印を付けるときに使う、折りたたみ式の台。へら台に布を置き、へら台の折り目ごとに布が曲がっていないか確認しながら印を付けることが出来ます。布をまっすぐ裁つためにも使います。長い距離をまっすぐ縫う着物ならではのものです。

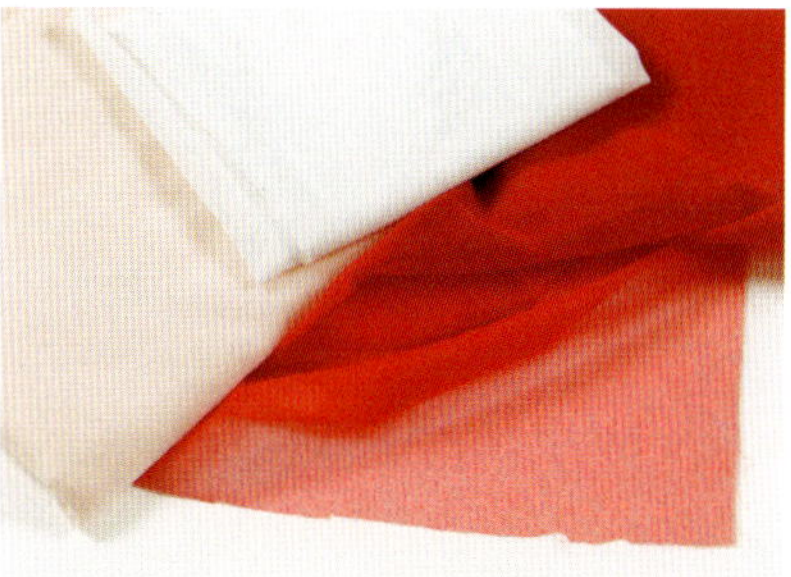

接着芯

薄くてやわらかい布接着芯です。色は布の色に合わせるかベージュを使い、表に接着芯の色が透けないようにします。袖付けなど、布に印を付ける部分にはっておくと、印が付けやすく見やすいうえに補強にもなります。衿と衿肩あきには補強のために接着芯をはります。また布が薄く弱くなっている部分にも補強のためにはっておきます。

着物を飾る道具

お人形さんに着せずに着物だけで飾る場合は、専用のハンガーや衣桁（スタンド）を使って飾るとより美しく見えます。これらはお人形さんを扱っているお店やネットで購入することが出来ます。購入の際には、着物と衣桁のサイズが合っているかをよく確かめてください。ハンガーは着物の袖口から見えない長さに、衣桁は着丈と袖口から袖口までの長さを合わせます。各号揃えておくと便利です。ホームセンターなどの木材で手作りしてもかまいません。

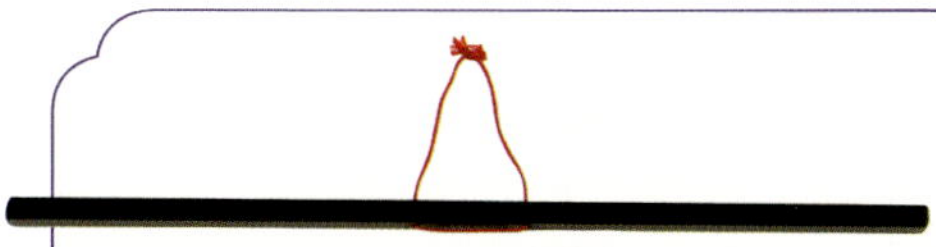

お人形さんの着物用ハンガー。

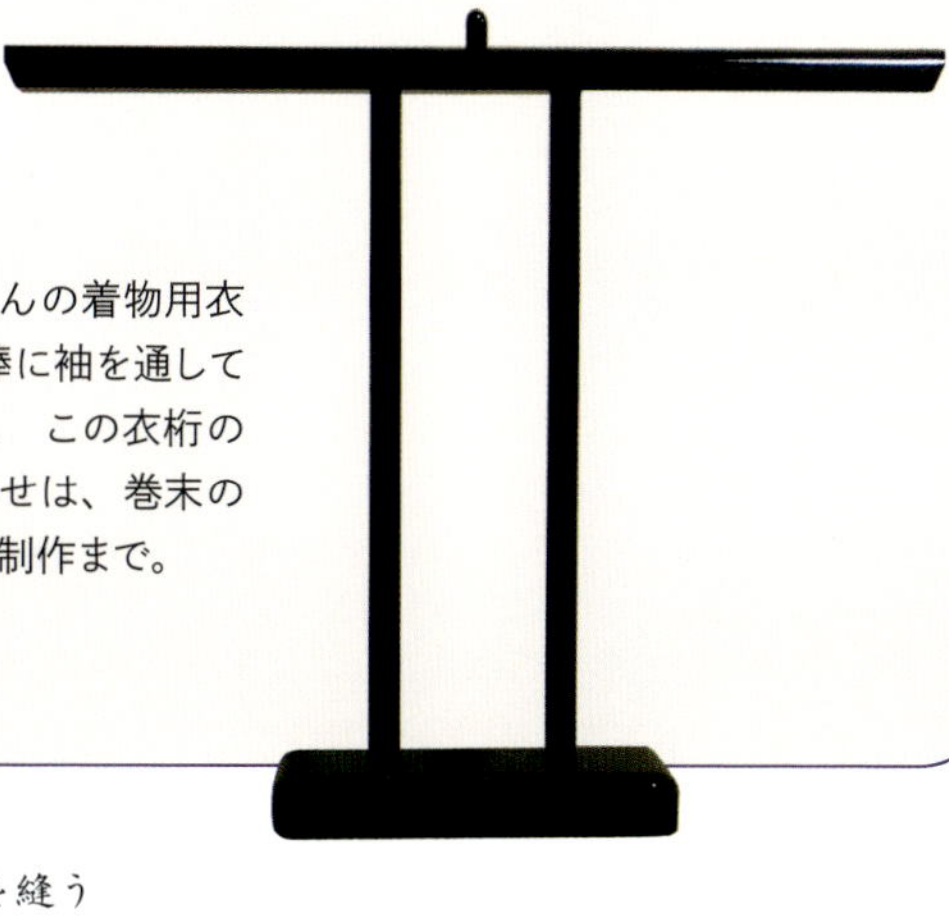

お人形さんの着物用衣桁。横棒に袖を通して飾ります。この衣桁の問い合わせは、巻末の長田衣桁制作まで。

着物の各部分の名称

着物（袷《あわせ》）

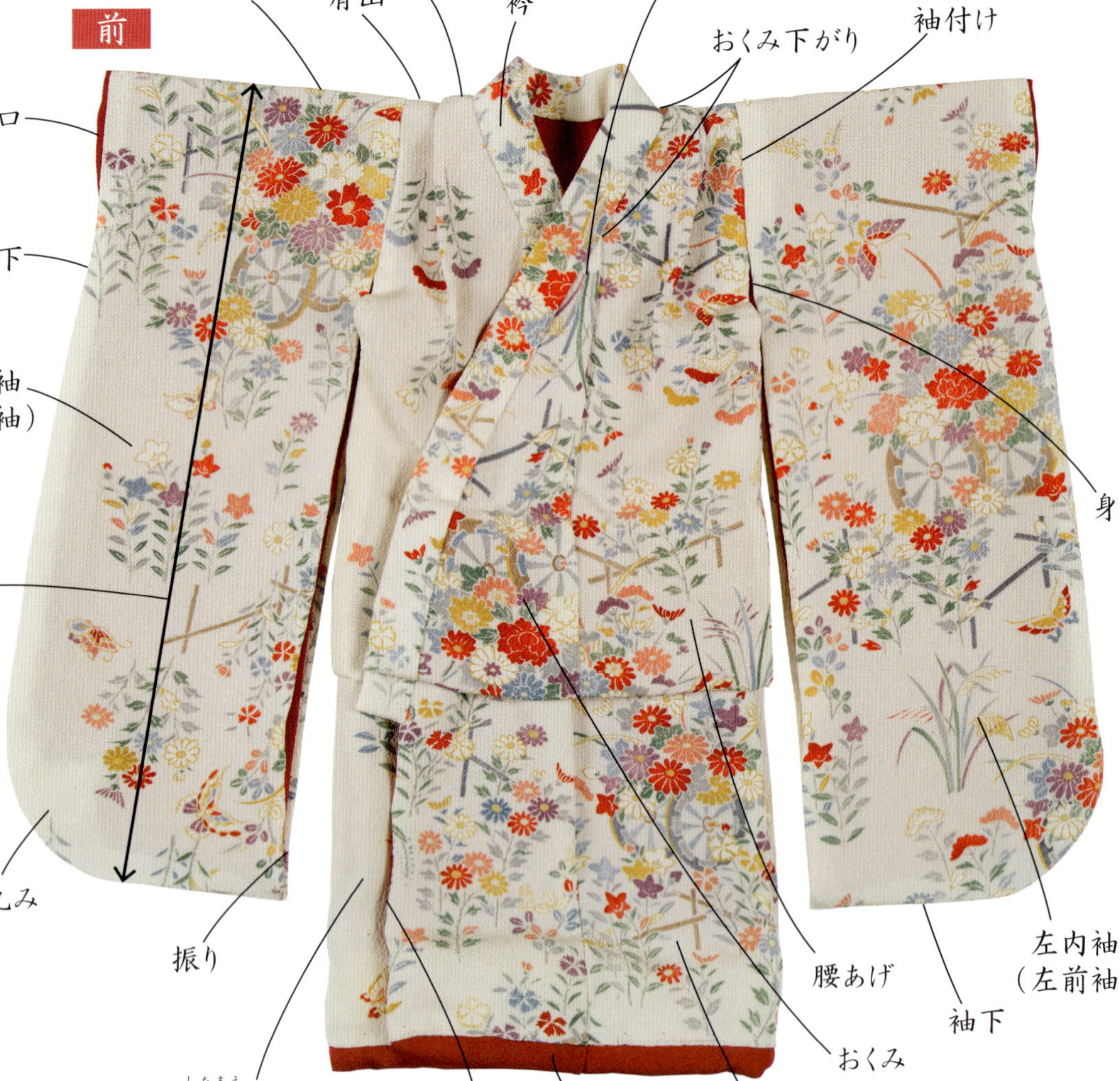

着物、下着、長じゅばんの3枚はそれぞれにいくつかのパーツから出来ています。このパーツの名前は着物独特のものなので覚えておいてください。同じパーツや部分に呼び名が2つあることもあります。

3枚とも裏布を付けて作ります。いちばん上の着物のことを袷《あわせ》、下着のことをかさねとも呼びます。長じゅばんの衿には必ず半衿を付けます。

後ろ

内側

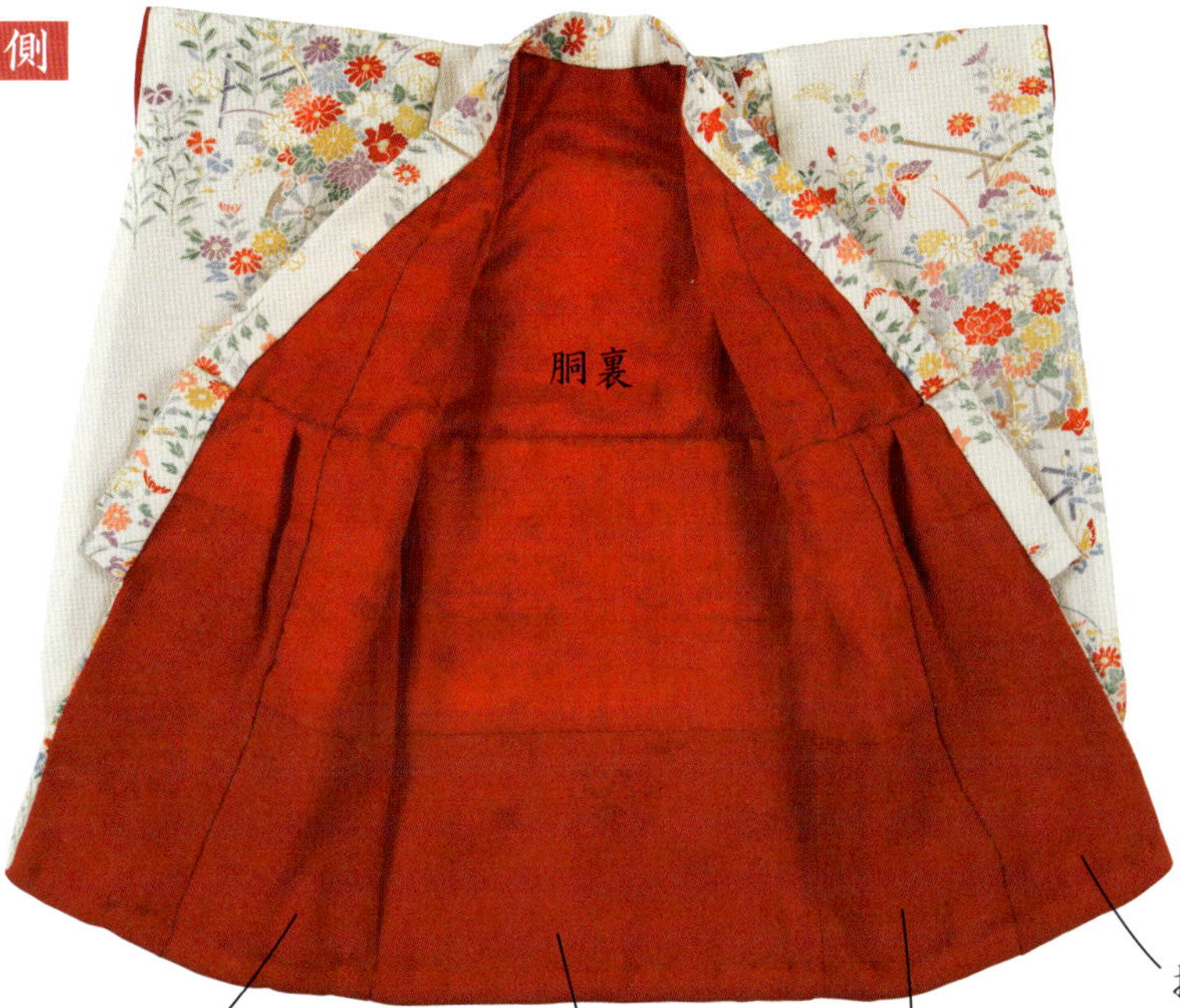

※裾回しは八掛《はっかけ》とも呼ぶ

下着（かさね）

前

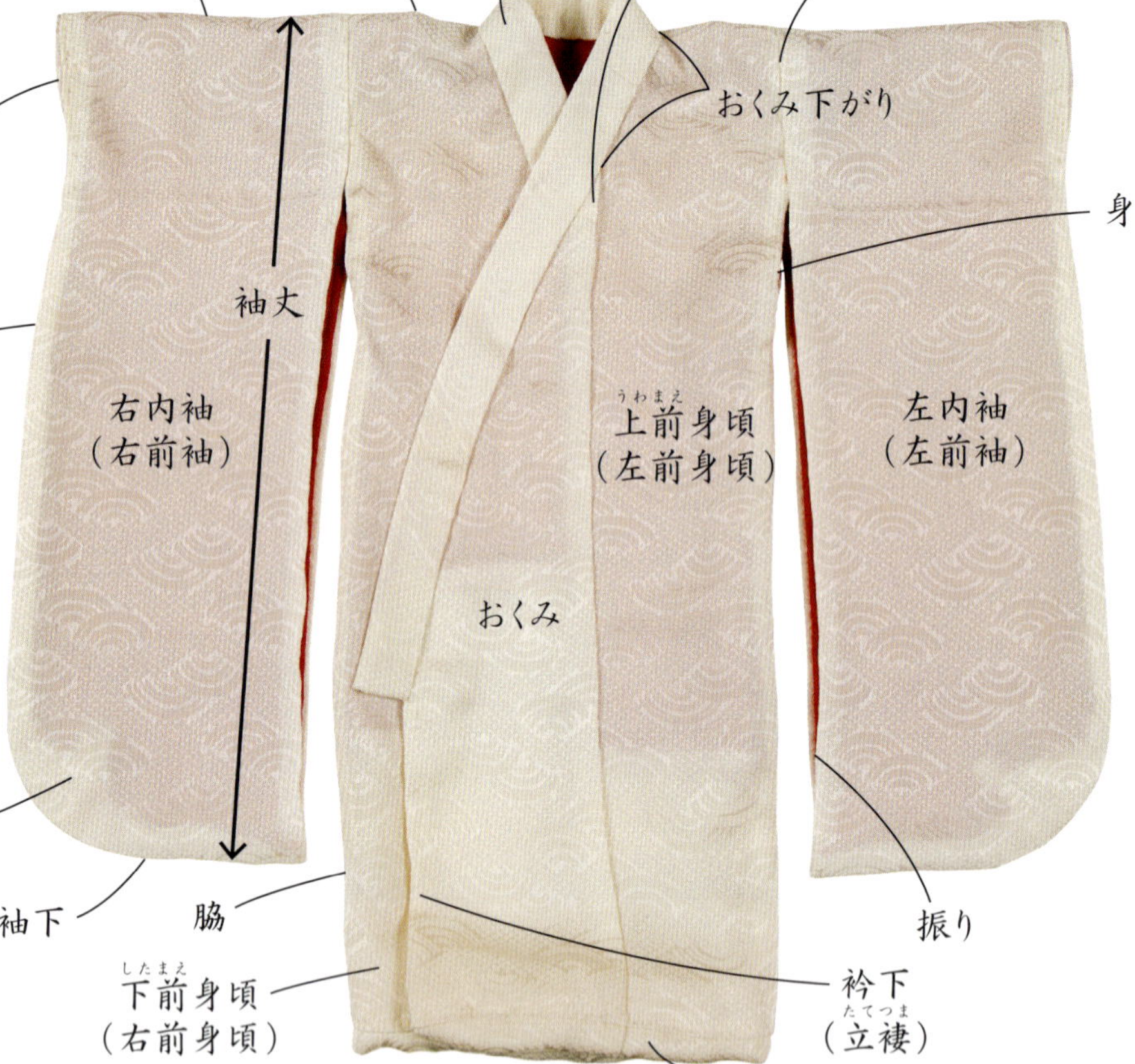
袖山
肩山
衿
剣先
袖付け
袖口
おくみ下がり
身八つ口
袖丈
袖口下
右内袖
（右前袖）
上前《うわまえ》身頃
（左前身頃）
左内袖
（左前袖）
おくみ
袖丸み
袖下
脇
振り
下前《したまえ》身頃
（右前身頃）
衿下
（立褄《たてつま》）
裾ふき

内側

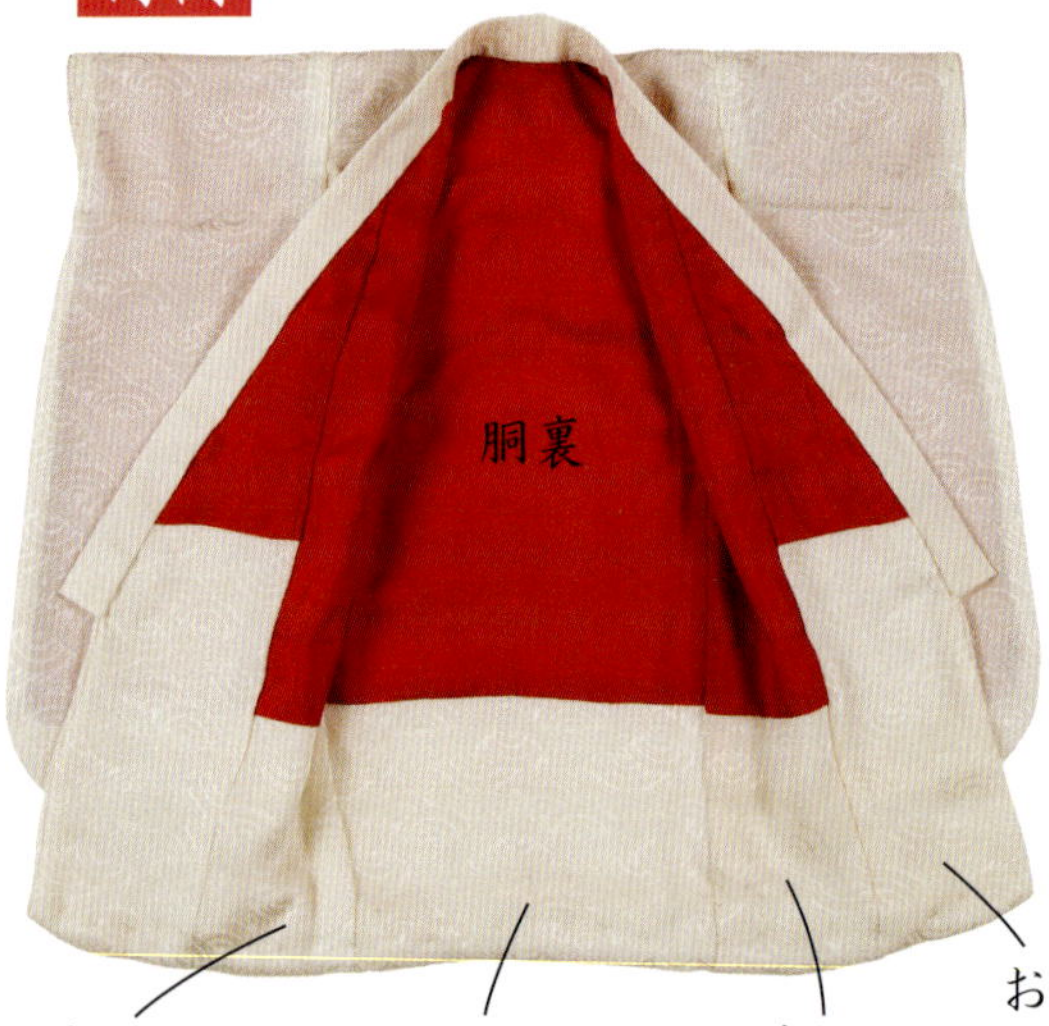
胴裏
前裾回し
（下前）
後ろ裾回し
前裾回し
（上前）
おくみ裾回し

後ろ

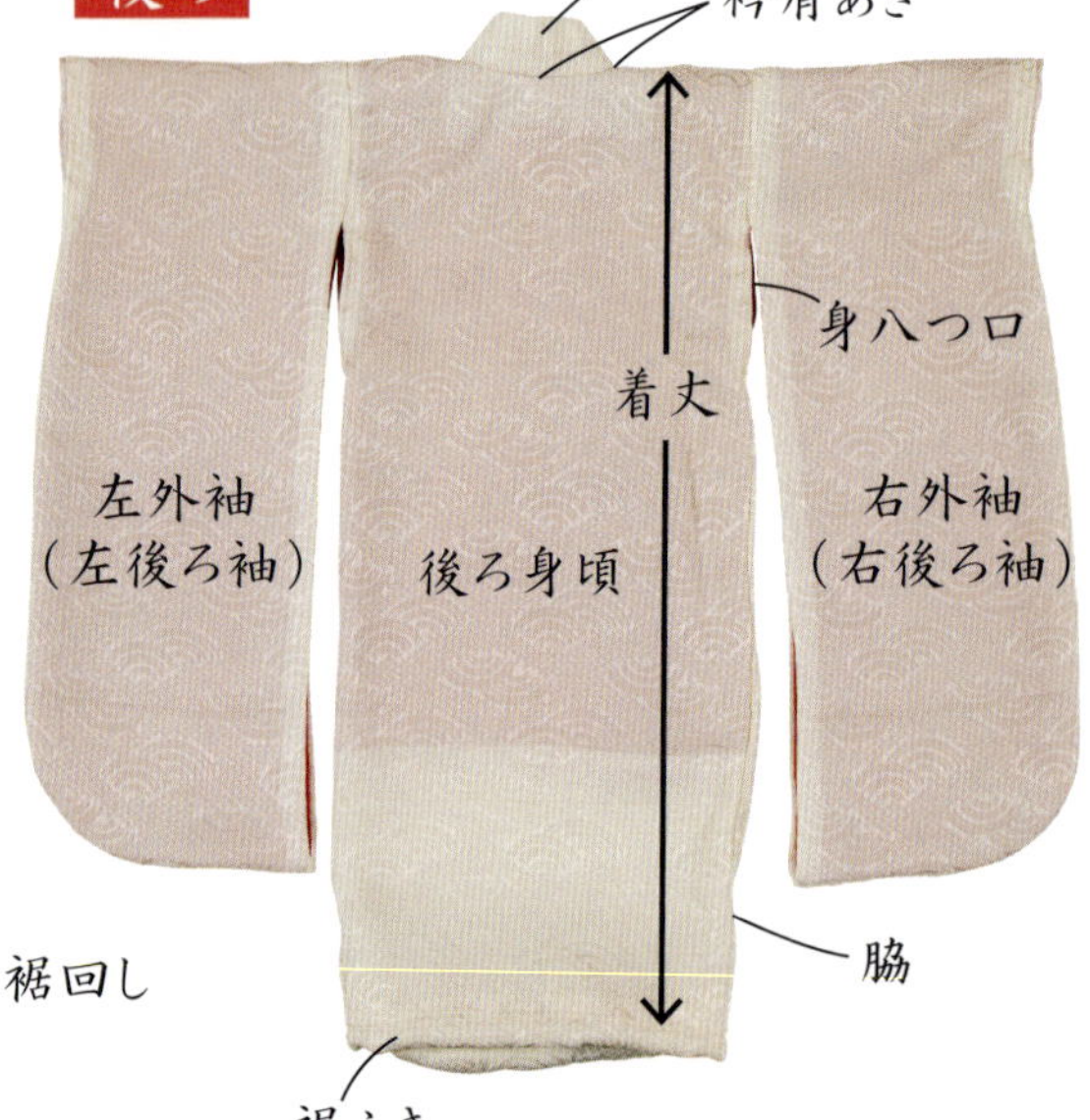
衿
衿肩あき
身八つ口
着丈
左外袖
（左後ろ袖）
後ろ身頃
右外袖
（右後ろ袖）
脇
裾ふき

長じゅばん

前

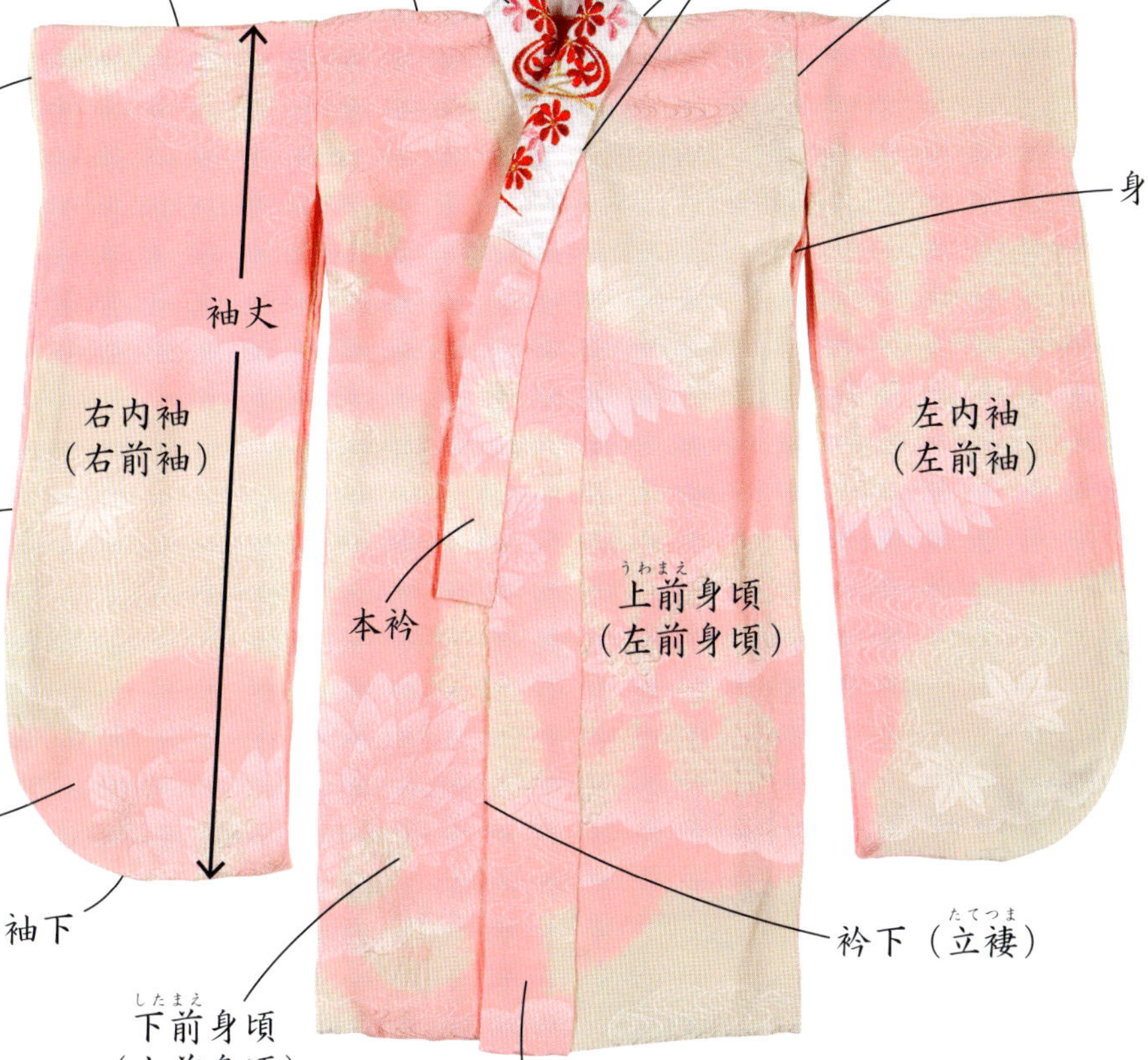
袖山
肩山
半衿
立衿下がり
袖付け
袖口
身八つロ
袖丈
右内袖
（右前袖）
左内袖
（左前袖）
袖口下
本衿
上前《うわまえ》身頃
（左前身頃）
袖丸み
袖下
衿下（立褄《たてつま》）
下前《したまえ》身頃
（右前身頃）
立衿《たてえり》

内側

胴裏
しず（裾の返り）

後ろ

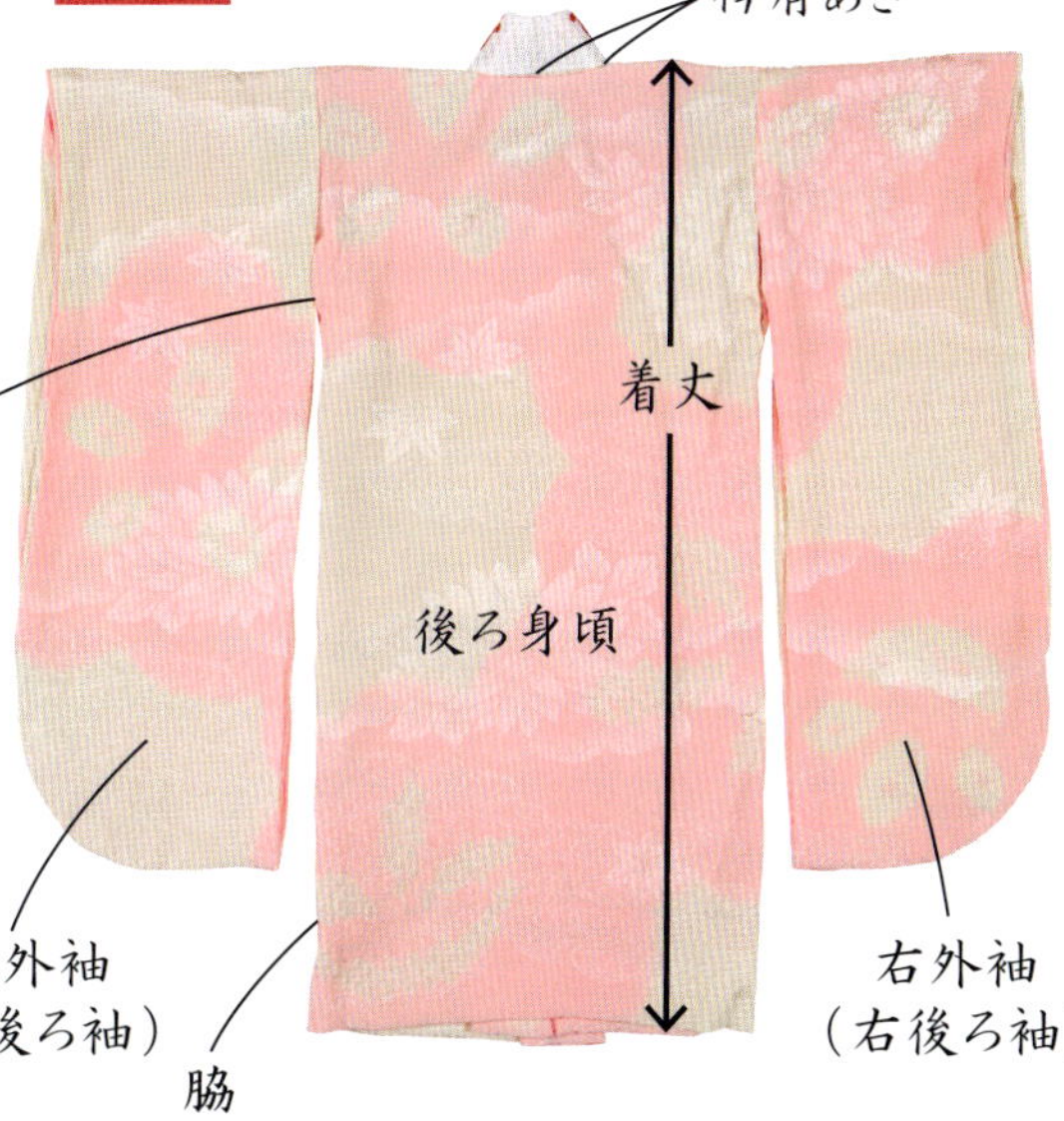
衿肩あき
身八つロ
着丈
後ろ身頃
左外袖
（左後ろ袖）
右外袖
（右後ろ袖）
脇

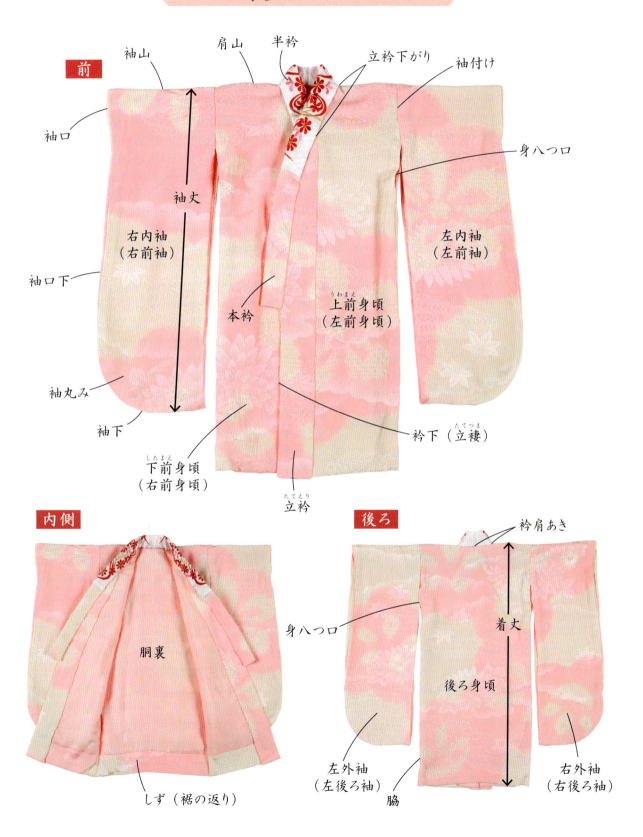

被布

前

内側

後ろ

帯

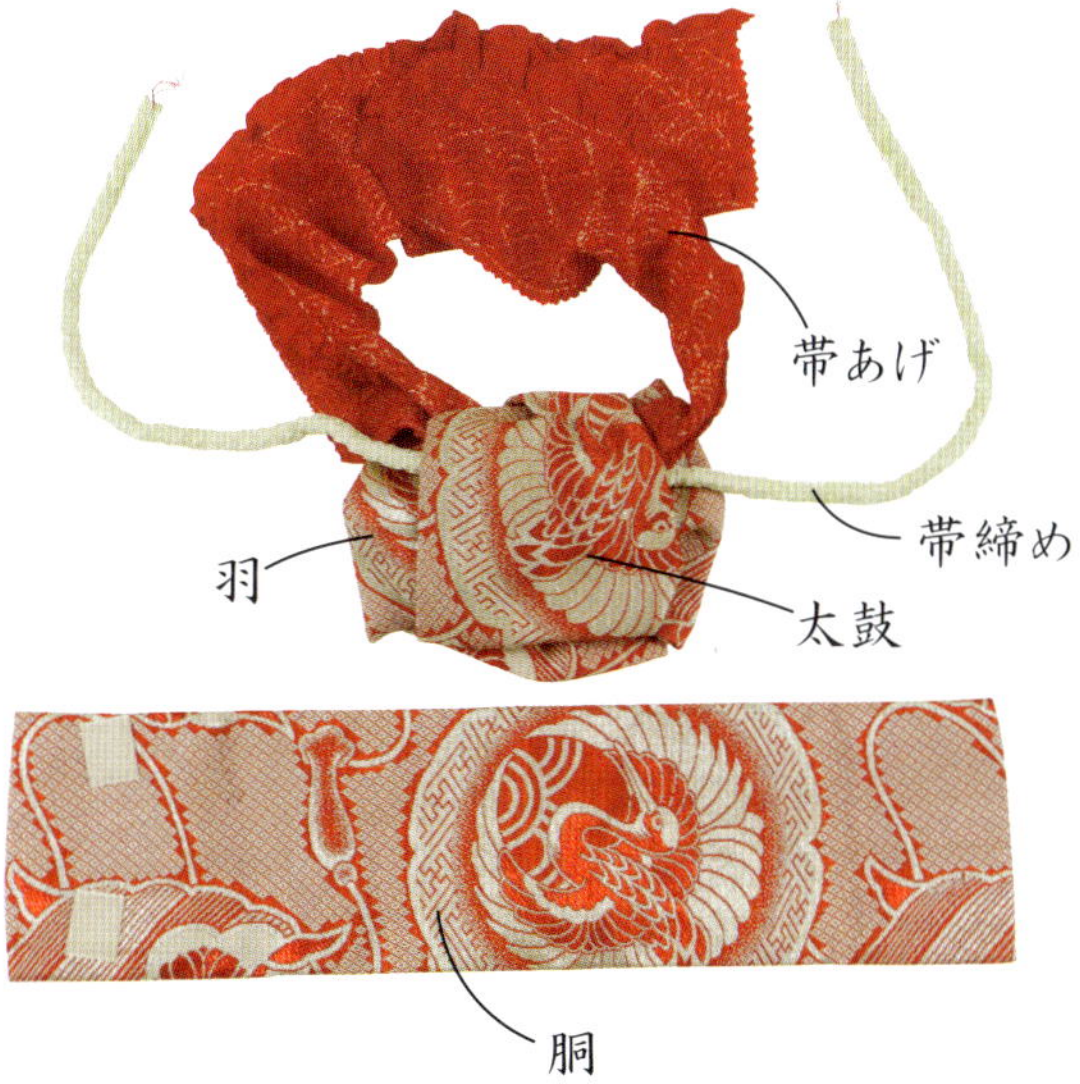

ふくらすずめの付け帯の作り方

お人形さんを正装させるときに必要なのが、帯。
人間と同じように帯あげも帯締めも付けますが、
簡単に付けられるふくらすずめの帯の作り方を解説します。
柄の小さな人間の帯をほどいて使います。

ふくらすずめ 付け帯 寸法表（出来上がり寸法）

各部	人形の大きさ	10号	12号	15号	18号
胴	丈	35	40	43	47
	幅	8	9	10	11
太鼓	丈	33	35	40	43
	幅	8	9	10	12
羽	丈	28	32	36	40
	幅	8	9	10	12
帯締め丈		55	60	65	70
帯あげ丈		55	60	65	70

単位：cm

帯のまとめ方

①

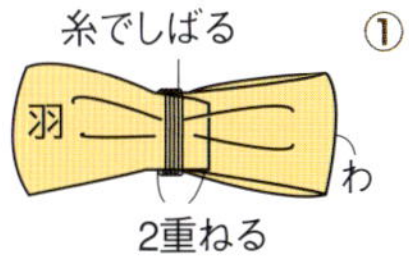

羽の両端を中心で合わせて
縫い止め、糸でしばって
ひだを寄せる

②

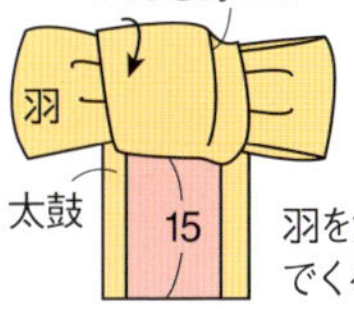

羽を太鼓でくるむ

③

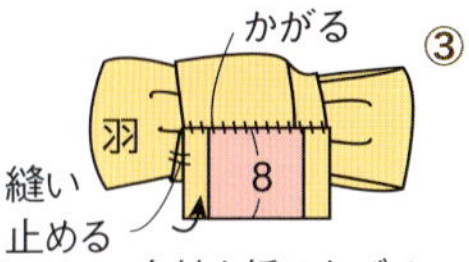

太鼓を折り上げる

12号 胴、太鼓、羽　表布・裏布各１枚

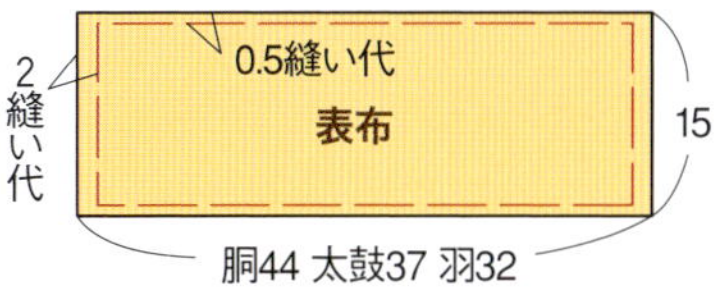

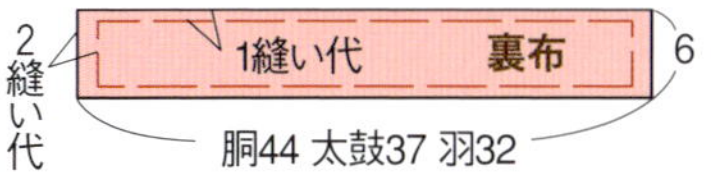

※短辺は、胴は両側とも縫い代を付け
太鼓は片側のみ、羽は両側とも付けない

12号 胴用帯芯１枚

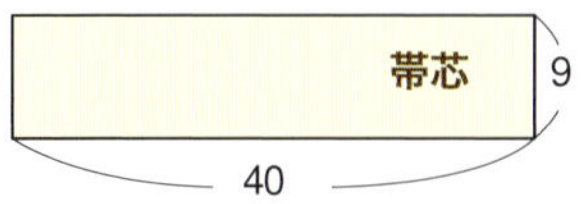

胴、太鼓、羽作り方

①

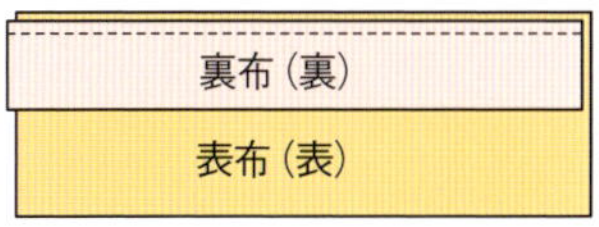

表布と裏布を中表に合わせて縫う

②

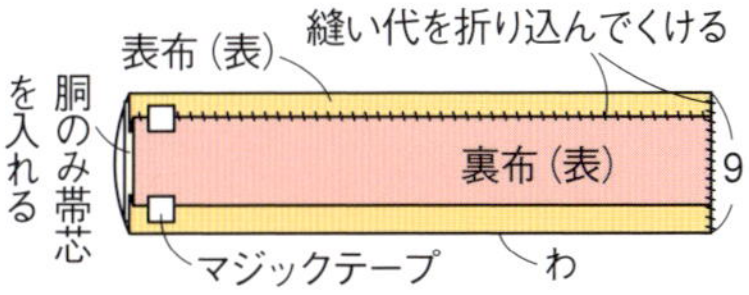

表に返して縫い代を折り込んで筒に縫う
胴は短辺の両側、太鼓は片側も折り込んでかがる
胴は両側にマジックテープを人形に合わせて付ける

単位：cm

兵《へ》児《ご》帯

子供用は三尺とも呼びます。一幅の布を適当な長さで切って帯にする、しごき（帯）の一種です。胴に2周巻いてリボン結びをし、リボンの端2本をリボンの下を通して上に出す結び方です。
お人形さん用には、帯あげやしごき帯などをそのまま使います。

布の裁ち方

【着物】

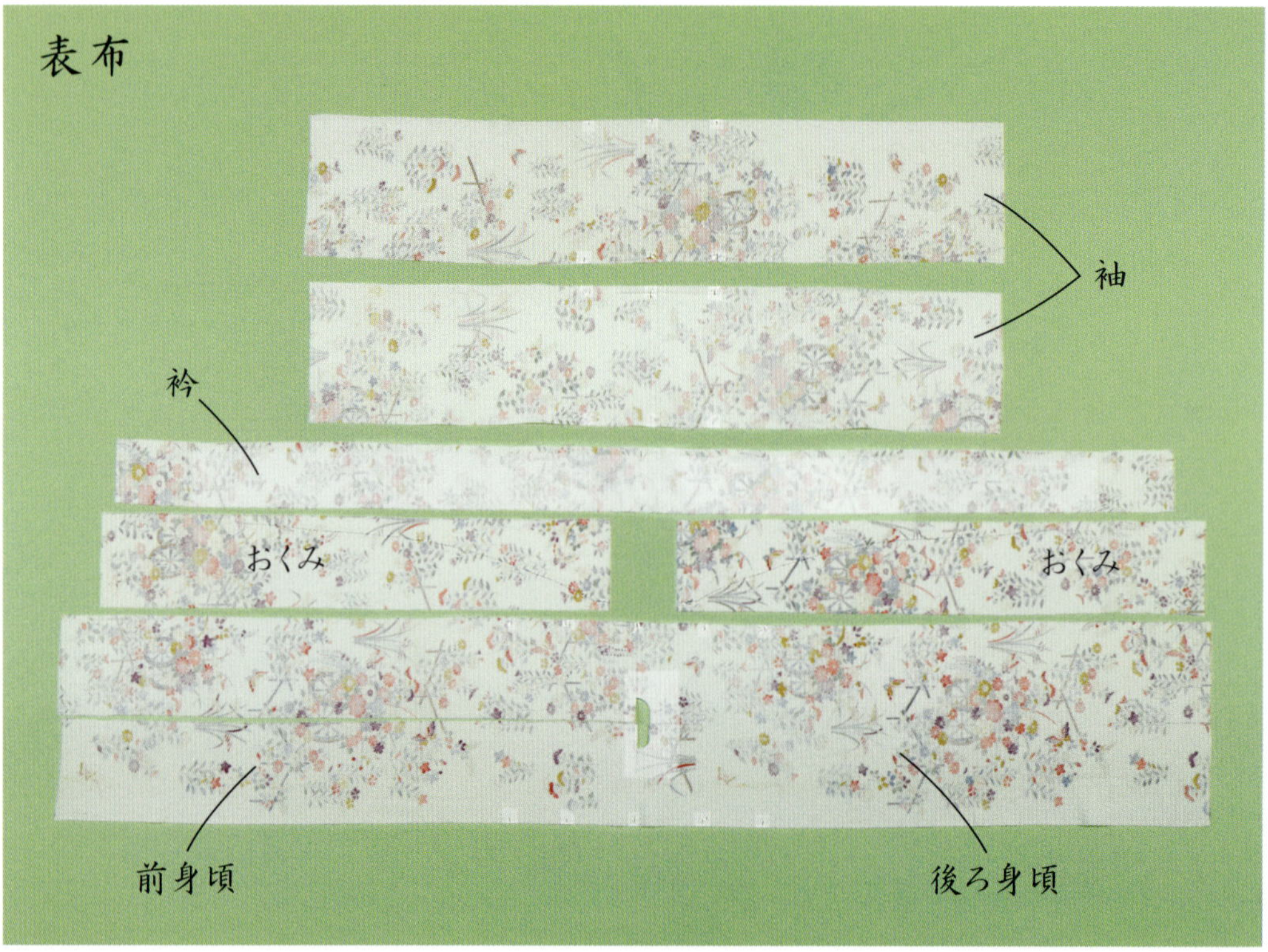
表布
袖
衿
おくみ
おくみ
前身頃
後ろ身頃

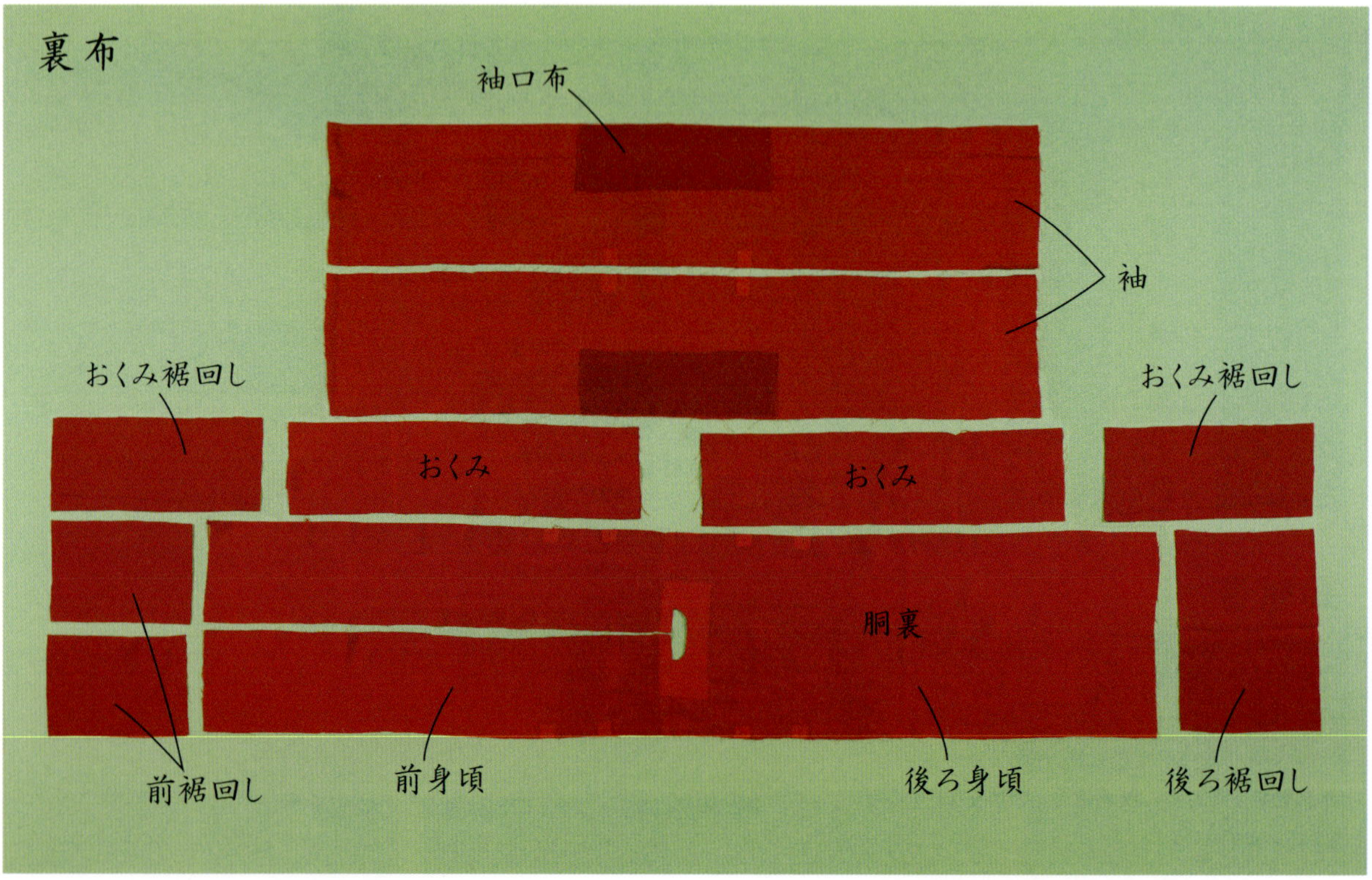
裏布
袖口布
袖
おくみ裾回し
おくみ裾回し
おくみ
おくみ
胴裏
前裾回し
前身頃
後ろ身頃
後ろ裾回し

布の裁ちはとても重要な作業です。各印の部分、衿肩あきには補強と印の見やすさを兼ねて接着芯をはり、印を接着芯の上から書きます。おくみの衿付けカーブの印も忘れずに。

ここで解説しているのは15号の着物ですが、どのサイズでも裁ち方と縫い方に変わりはありません。102～107ページに各号の寸法、巻末のとじ込み付録にはおくみ衿付けカーブと衿肩あき、小衿の実物大型紙を掲載しています。

着物は柄に上下のあるものが多いので、腰あげに隠れる部分で接いで、前と後ろの柄の向きを同じにすることをお勧めします。

着物に必要な布

- 身頃
- 袖２枚
- おくみ２枚
- 衿
- 胴裏
- 袖裏２枚
- おくみ胴裏２枚
- 後ろ裾回し
- 前裾回し２枚
- おくみ裾回し２枚
- 袖口布２枚

身頃、胴裏各１枚

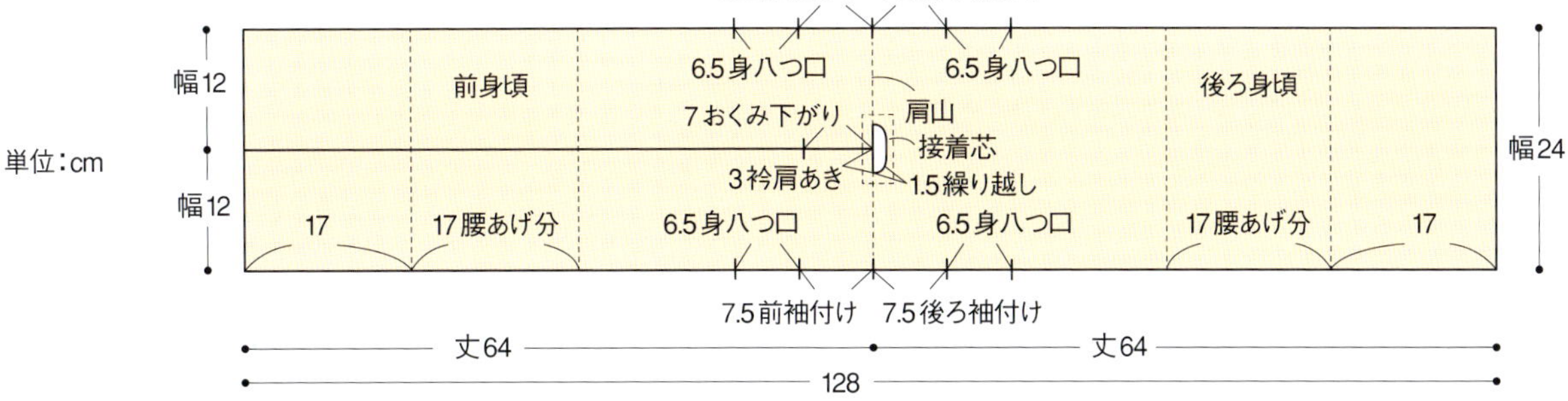

※胴裏は裾回しを付けるので丈を49×2＝98で裁つ

上前・下前おくみ
表布、胴裏各１枚

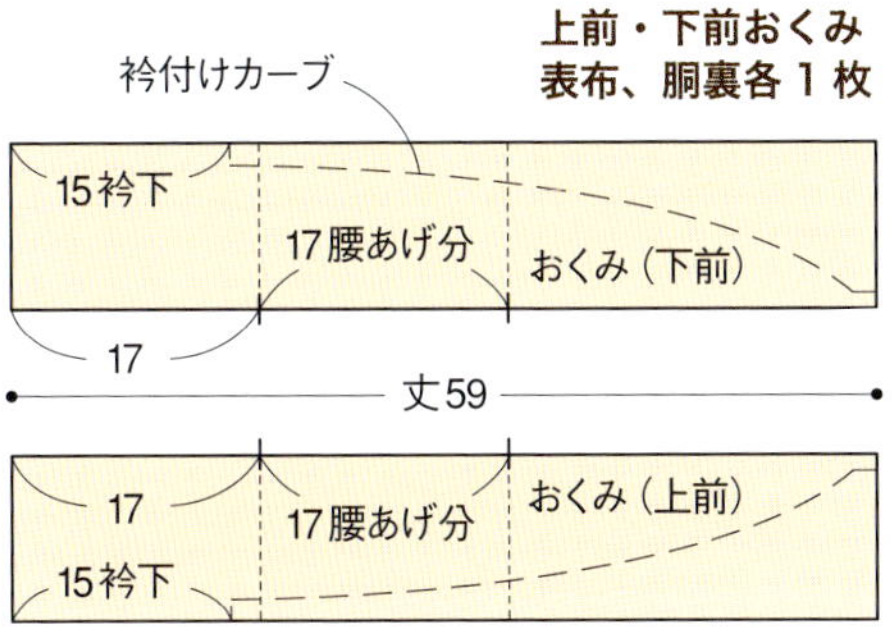

※胴裏は裾回しを付けるので丈を40で裁つ

左・右袖
表布、裏布各１枚

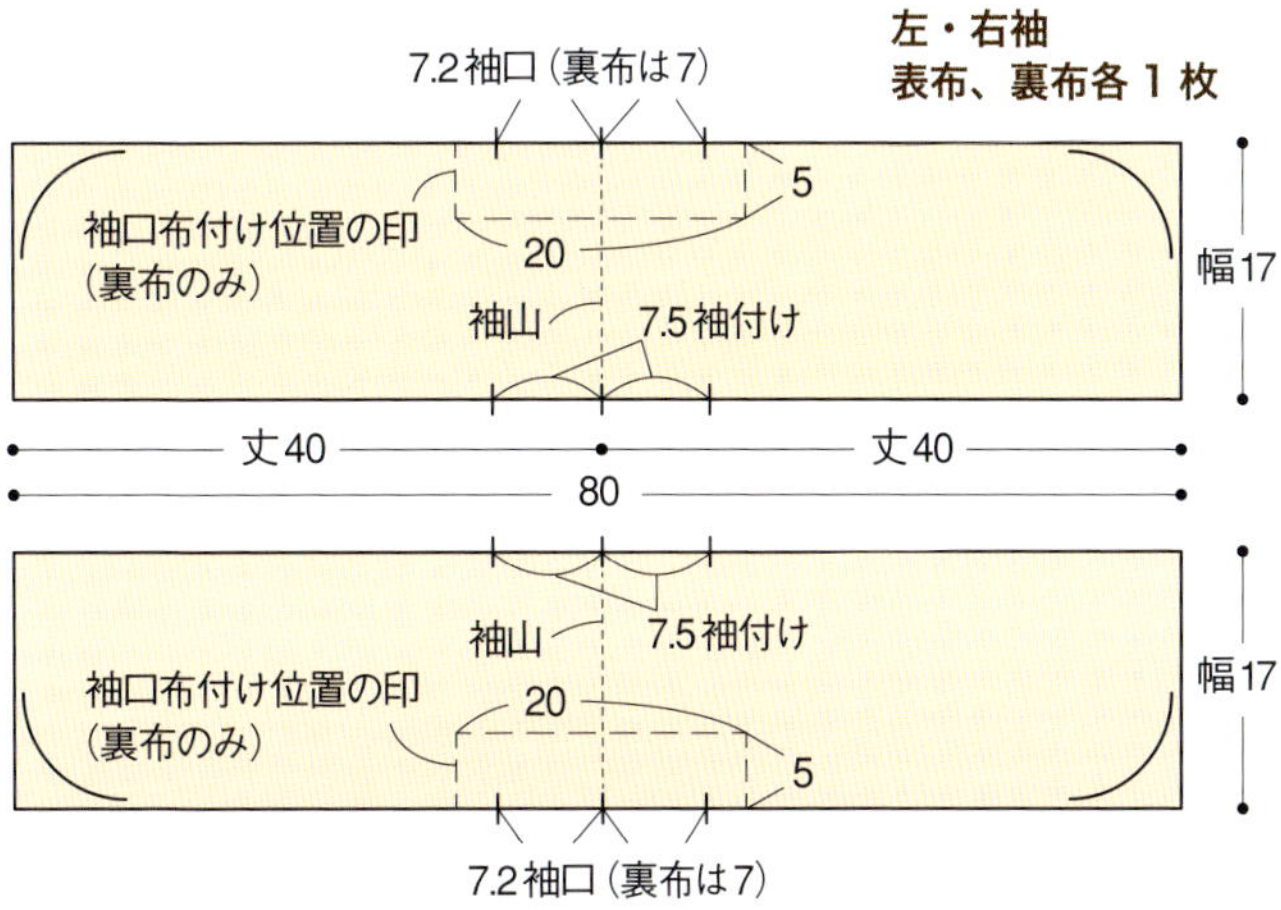

※左右の袖は対称に印を付ける
※表布と裏布同寸、裏布に袖口布付け位置の印を付ける

おくみ裾回し２枚

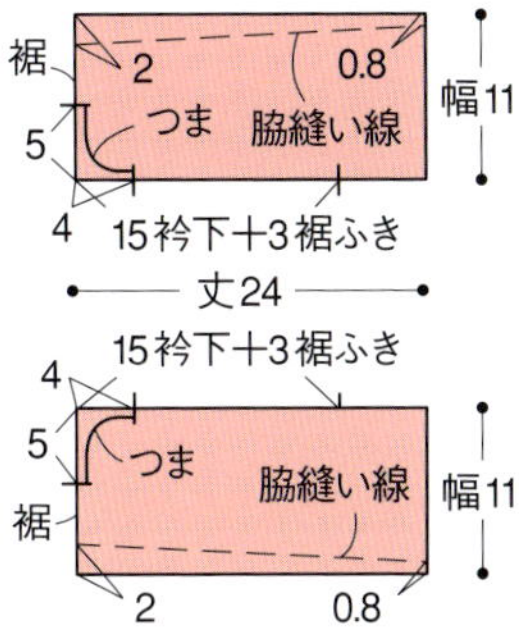

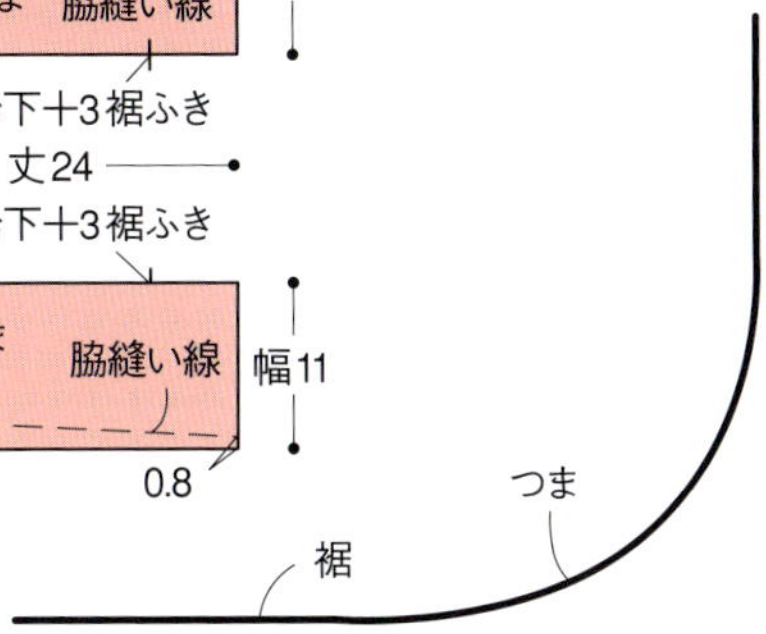

実物大型紙

後ろ裾回し１枚

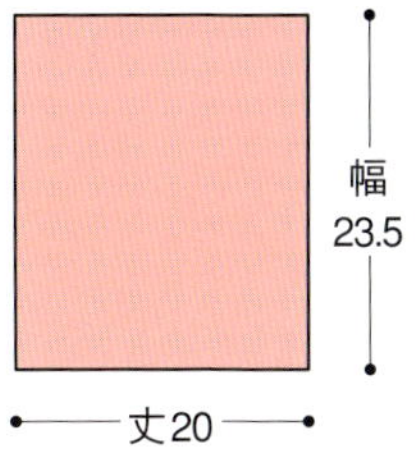

前裾回し２枚

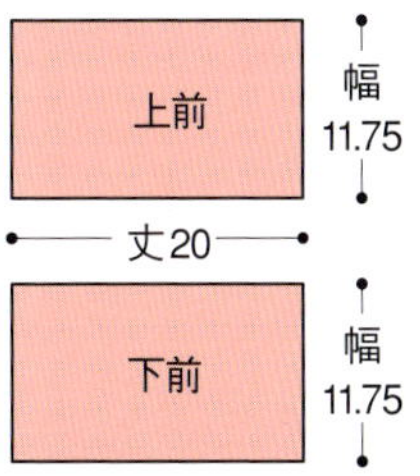

袖口布２枚

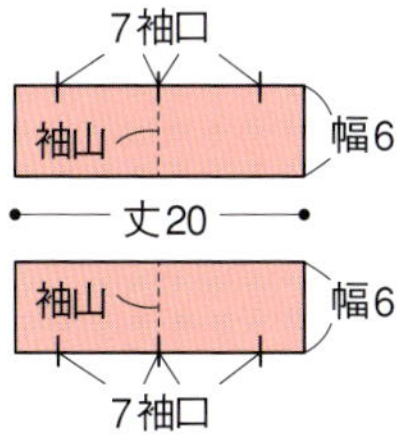

衿１枚

※衿肩あきの寸法はゆるみ分を加える

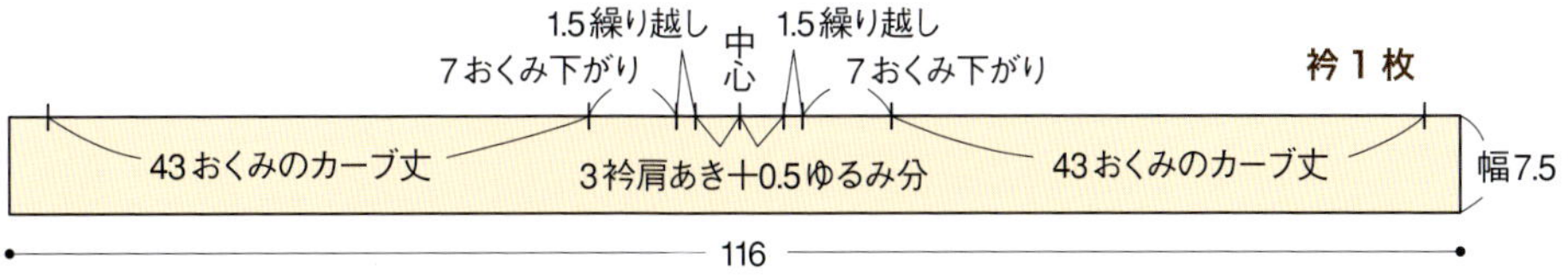

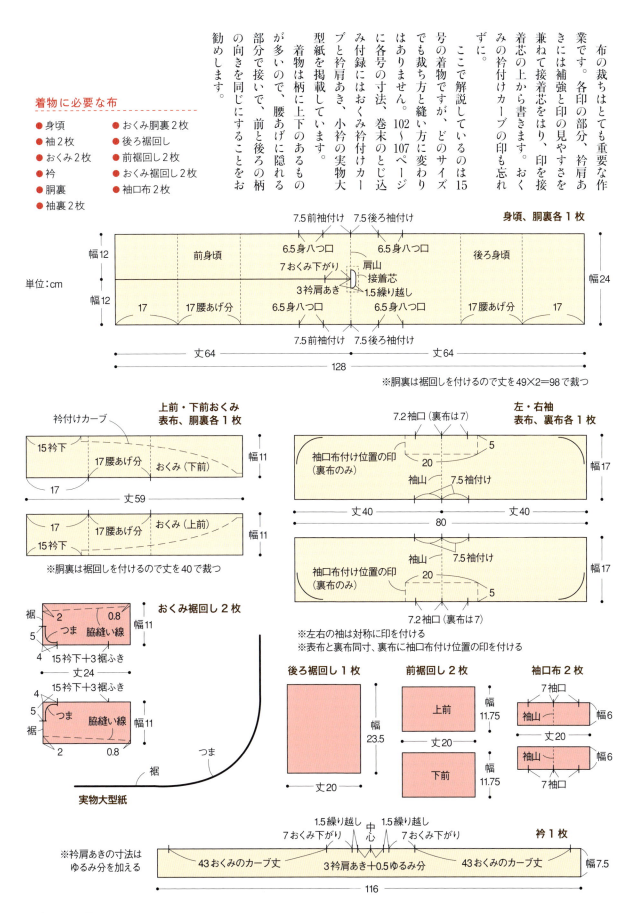

【下着】

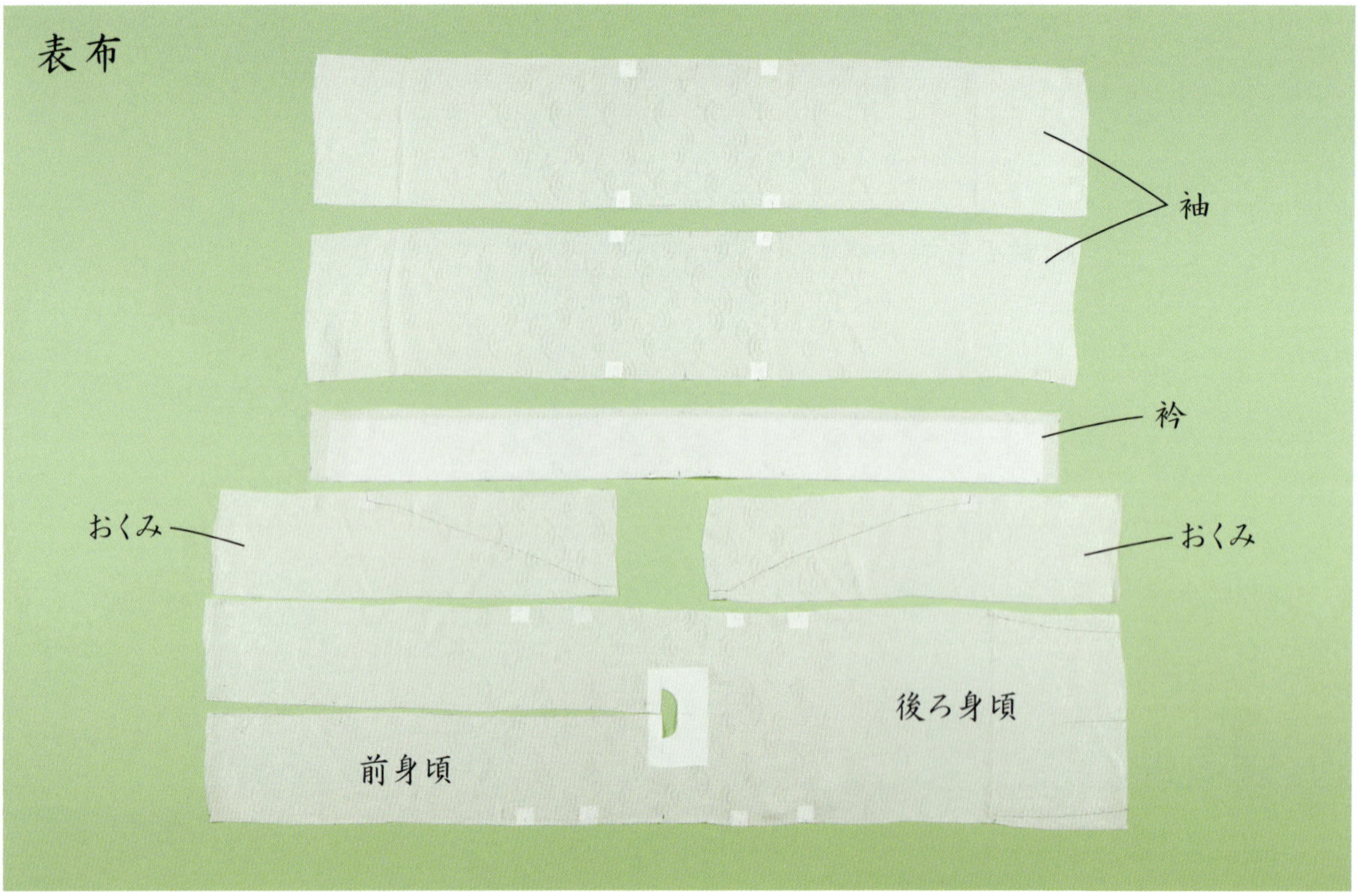
表布
袖
衿
おくみ
おくみ
後ろ身頃
前身頃

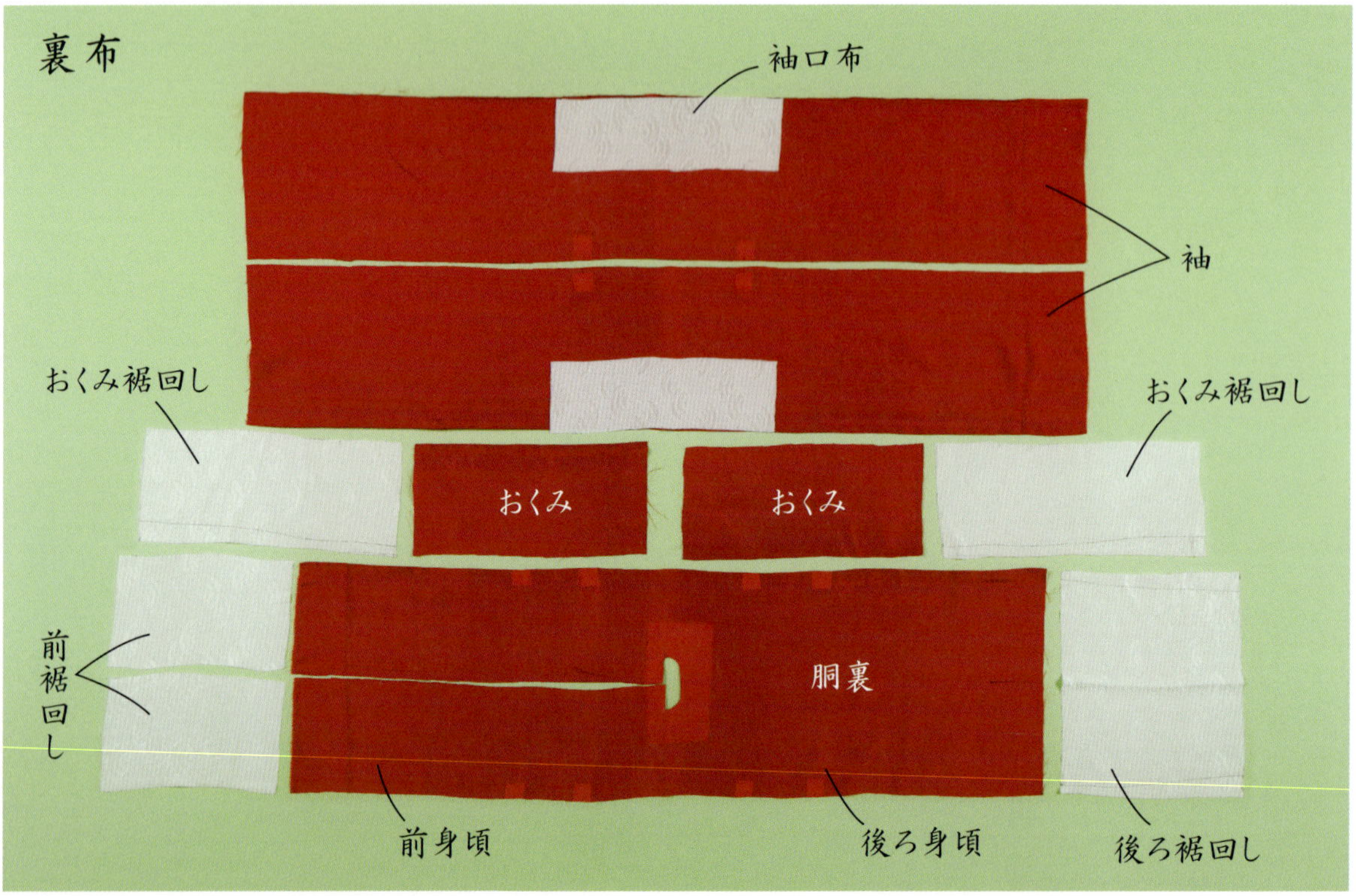
裏布
袖口布
袖
おくみ裾回し
おくみ裾回し
おくみ
おくみ
前裾回し
胴裏
前身頃
後ろ身頃
後ろ裾回し

下着に必要な布

- 身頃
- 袖２枚
- おくみ２枚
- 衿
- 胴裏
- 袖裏２枚
- おくみ胴裏２枚
- 後ろ裾回し
- 前裾回し２枚
- おくみ裾回し２枚
- 袖口布２枚

身頃、胴裏各１枚

単位：cm

※胴裏は裾回しを付けるので
丈を31×2＝62で裁つ
※脇の縫い込みは、後ろ裾回しの
長さに合わせて縫うとよい

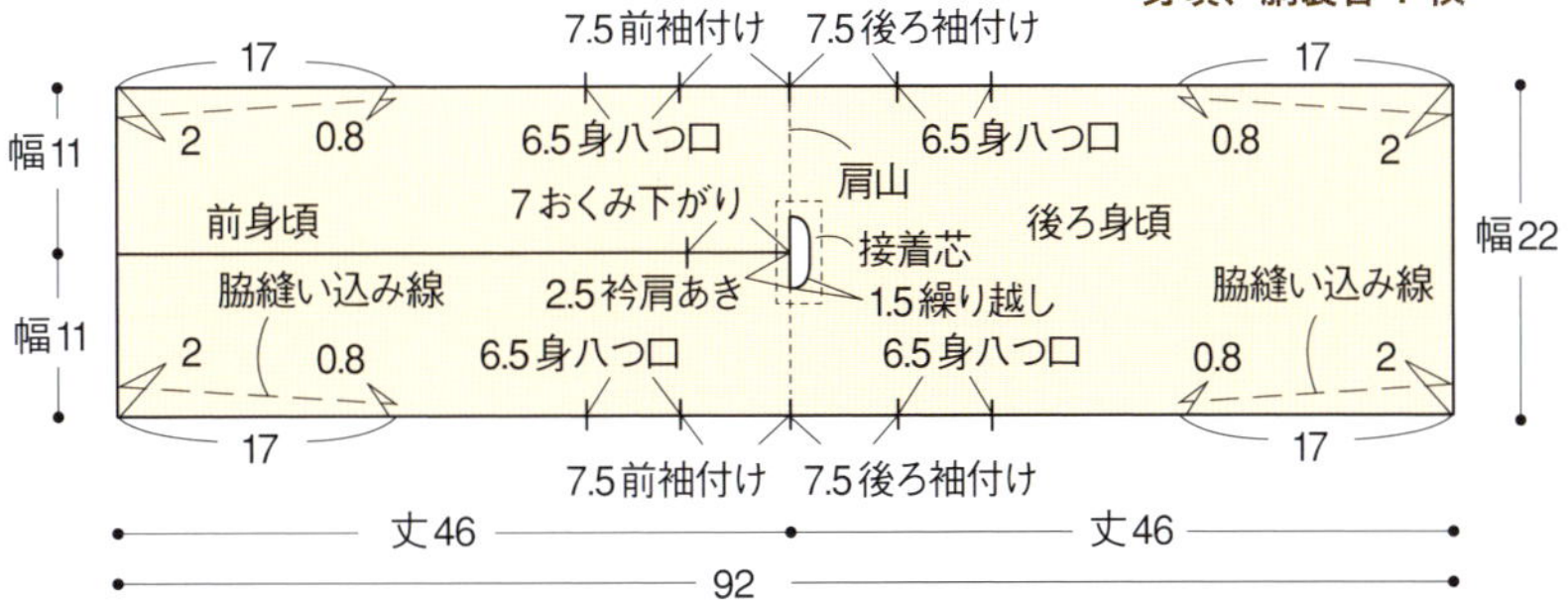

上前・下前おくみ
表布、胴裏各１枚

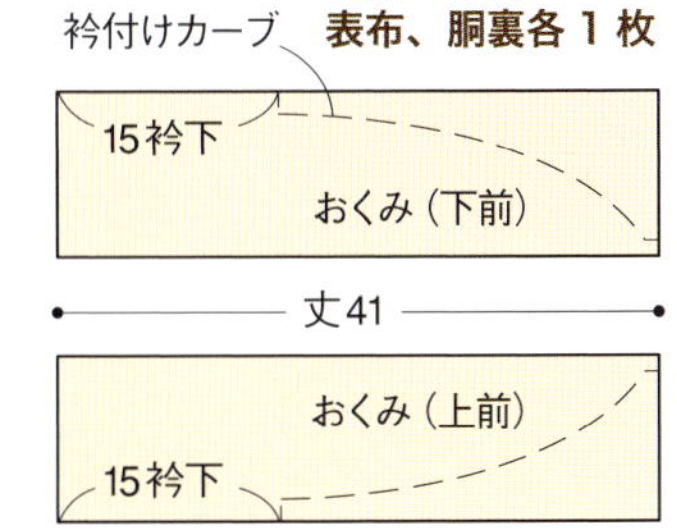

※胴裏は裾回しを付けるので丈を22で裁つ

左・右袖
表布、裏布各１枚

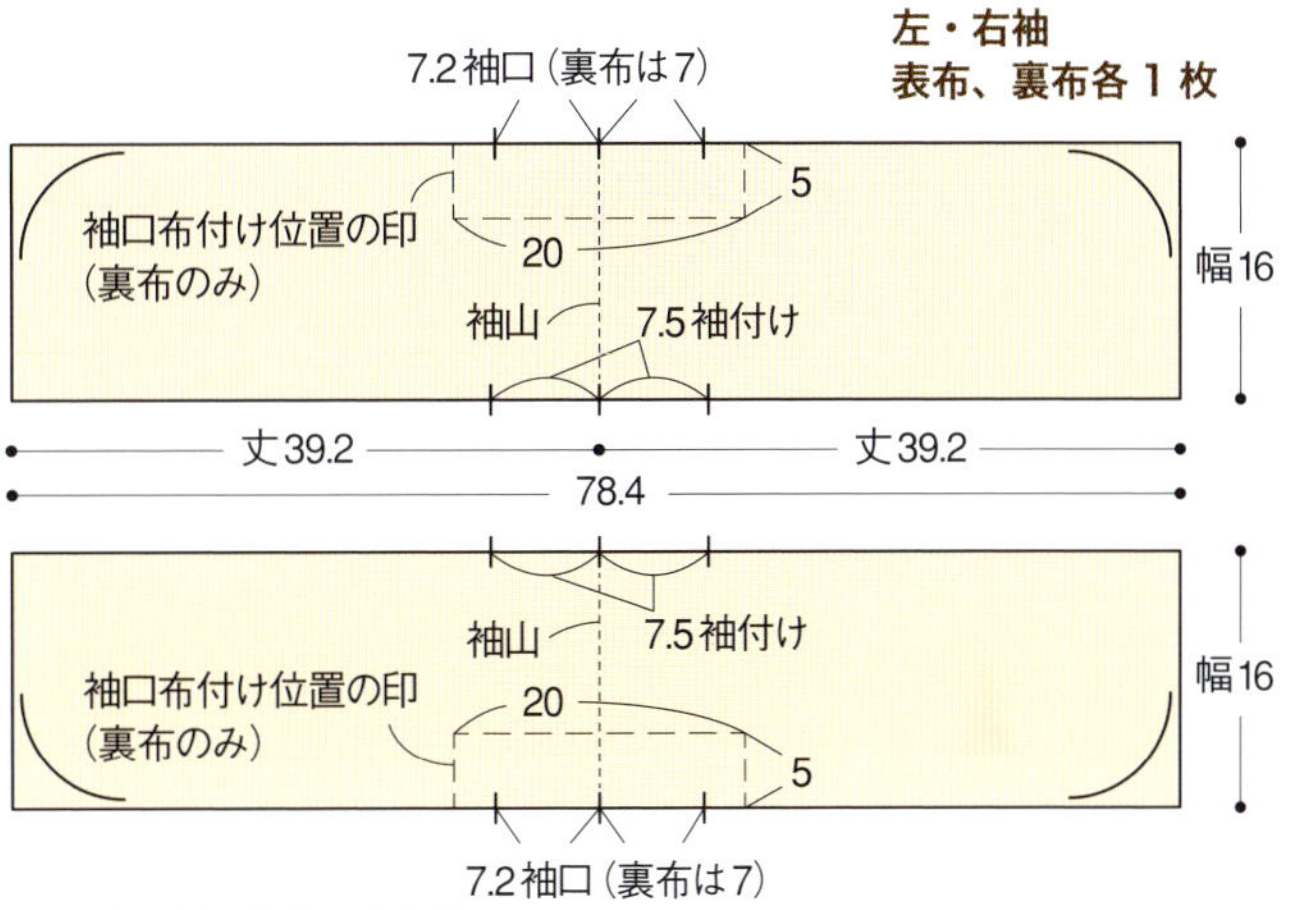

※左右の袖は対称に印を付ける
※表布と裏布同寸、裏布に袖口布付け位置の印を付ける

おくみ裾回し２枚

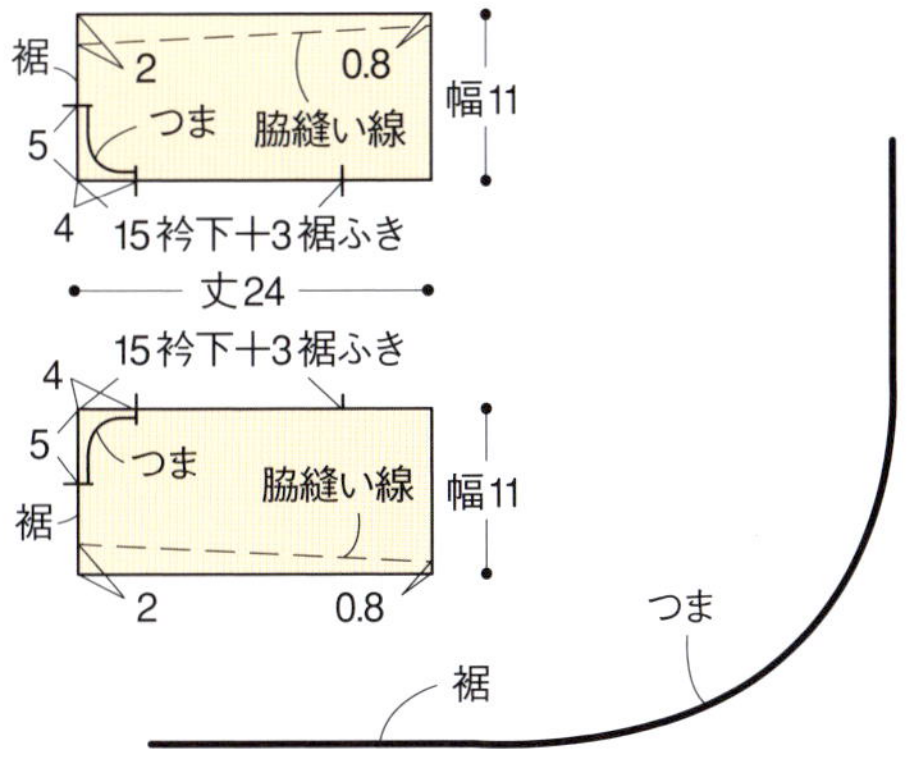

実物大型紙

後ろ裾回し１枚

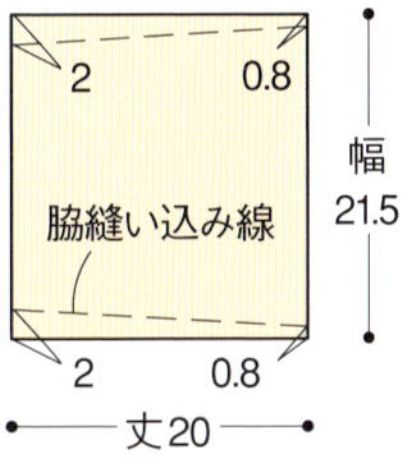

前裾回し２枚

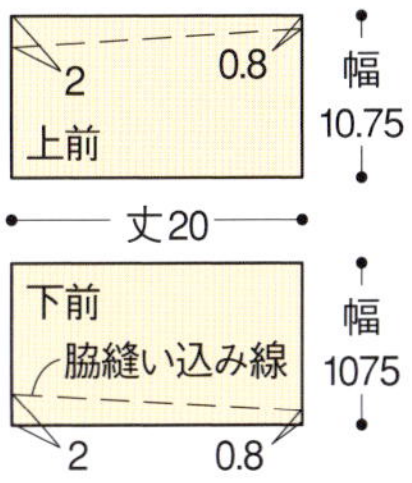

袖口布２枚

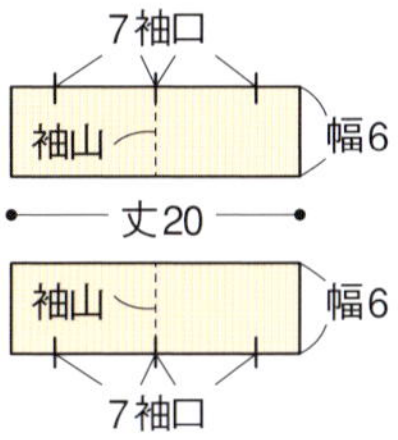

衿１枚

※衿肩あきの寸法は
ゆるみ分を加える

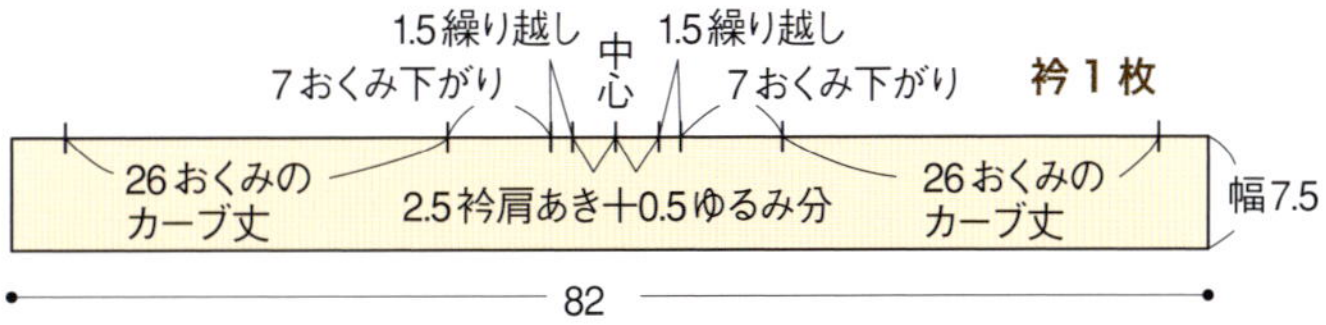

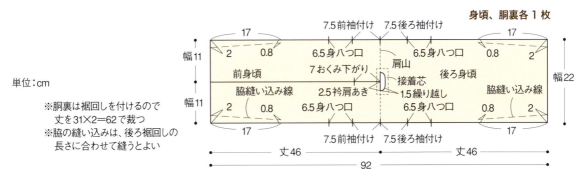

【長じゅばん】

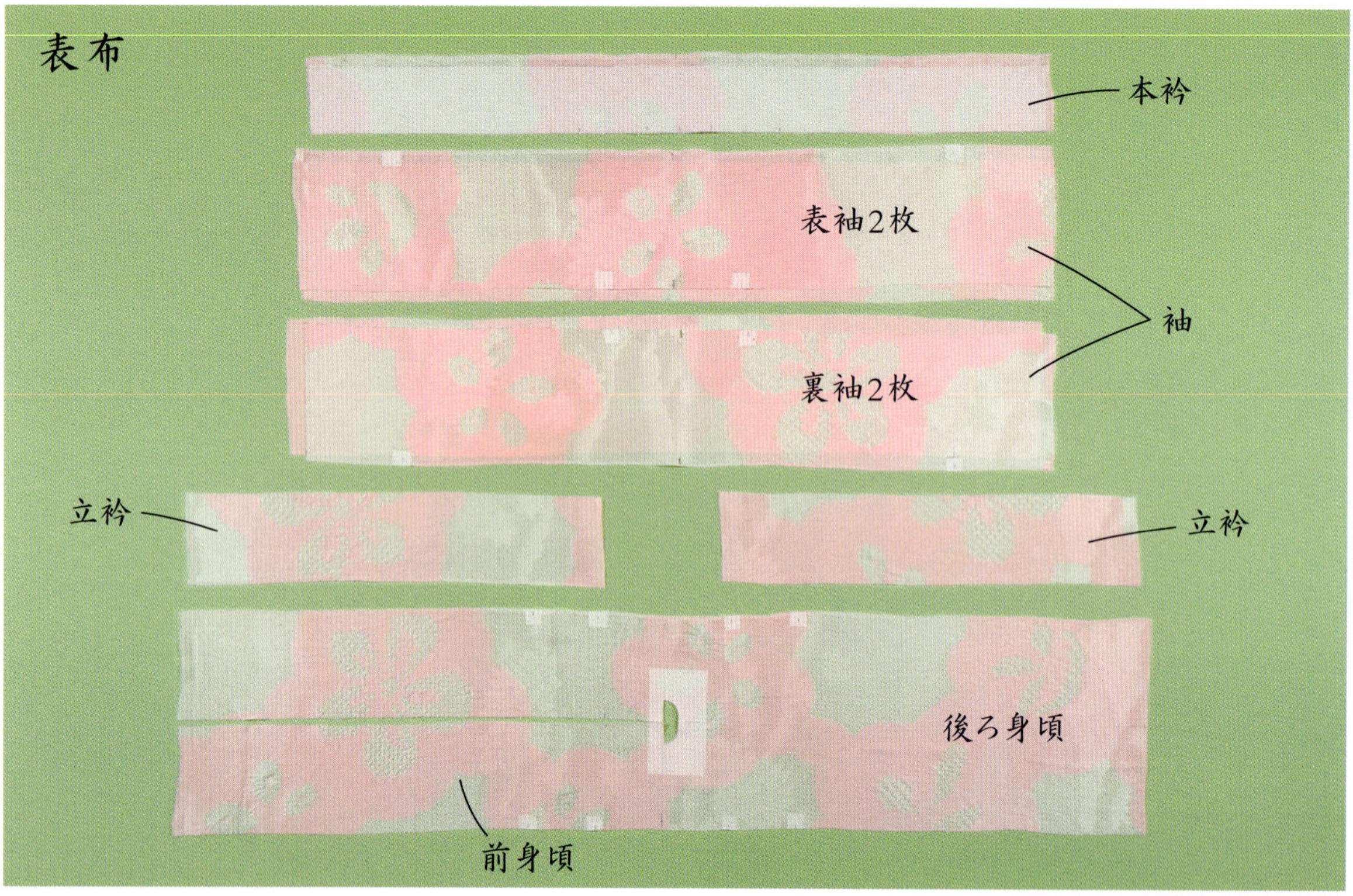

※ 袖は表と裏に同じ布を使う無双という仕立てをします。表布で袖を4枚裁ちましょう。お人形さんの着物では、表と裏の布を変えてもかまいません。

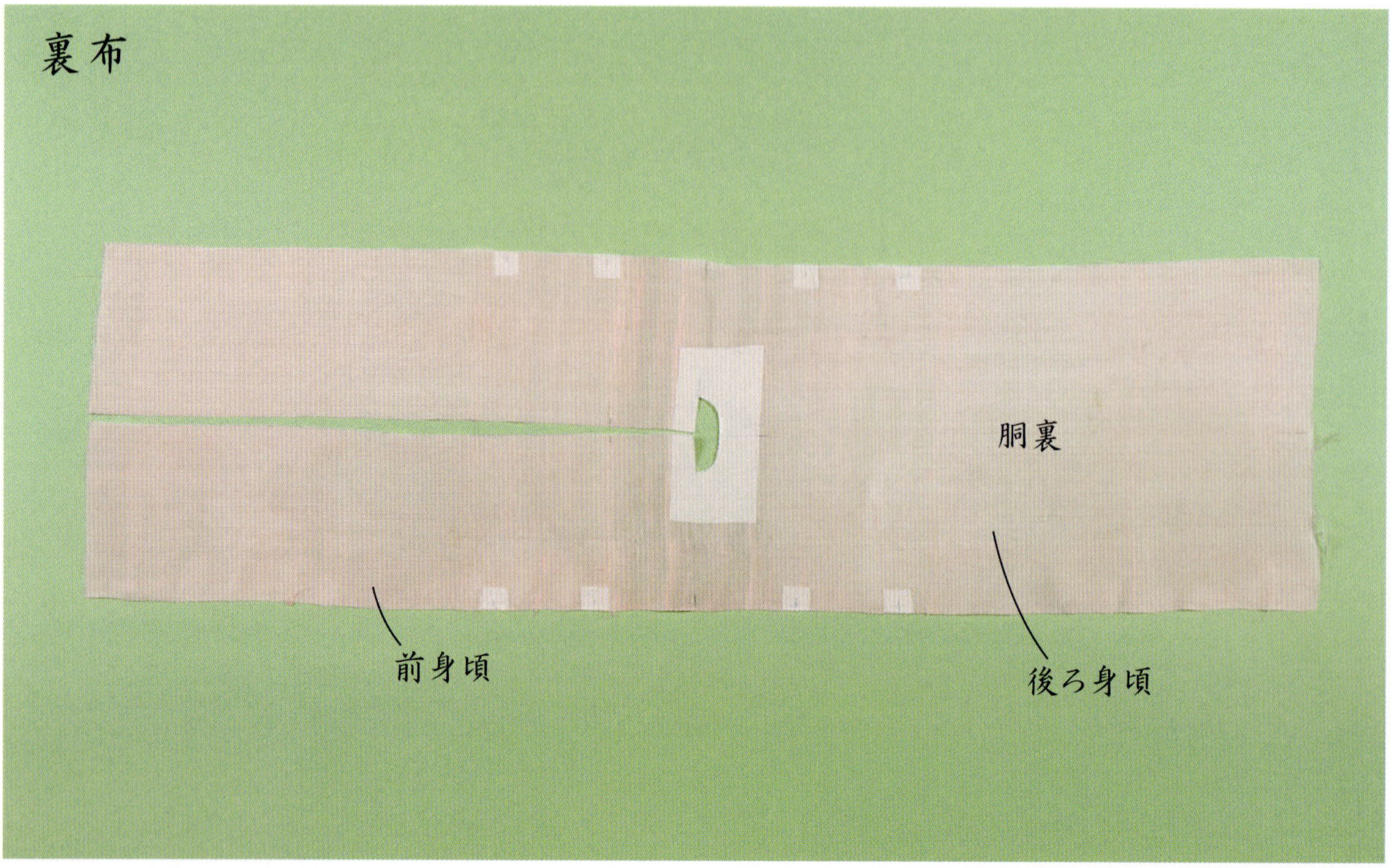

長じゅばんに必要な布

- 身頃
- 袖２枚
- 袖裏２枚
- 胴裏
- 立衿２枚
- 本衿
- 半衿

単位：cm

身頃、胴裏各１枚

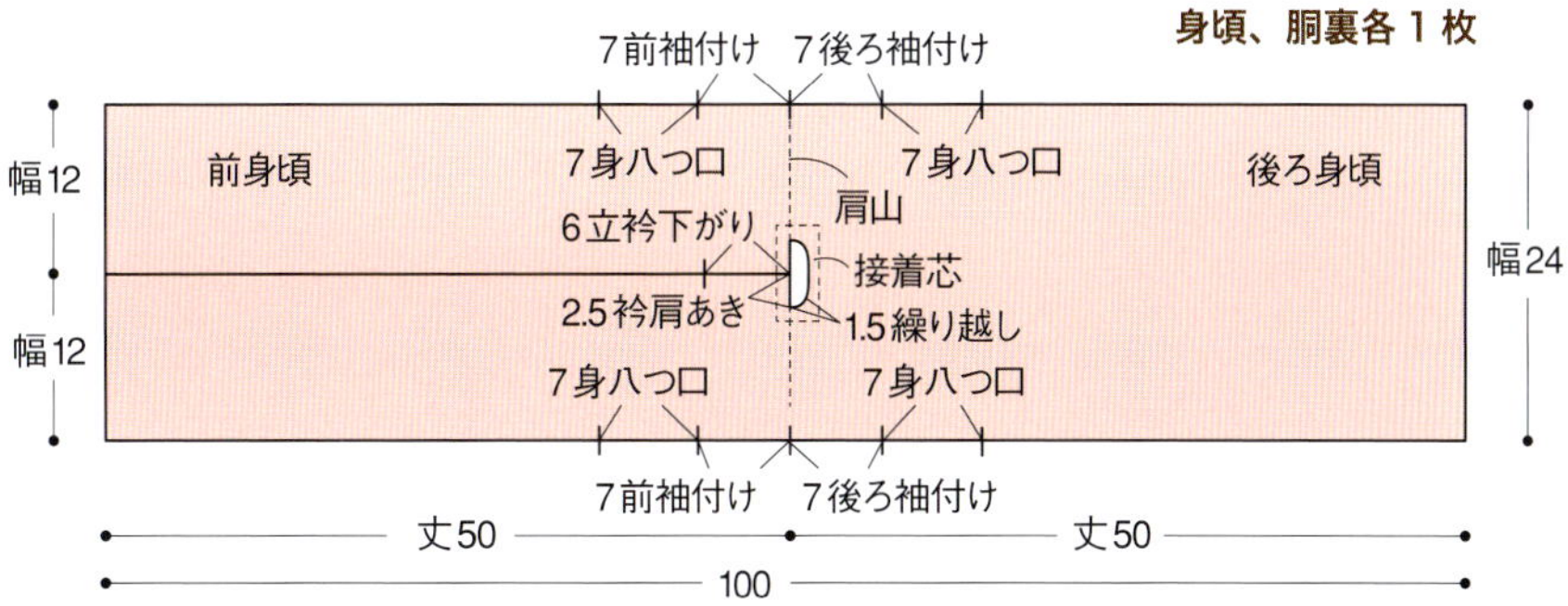

※胴裏はしずの分があるので丈を40×2＝80で裁つ

立衿２枚

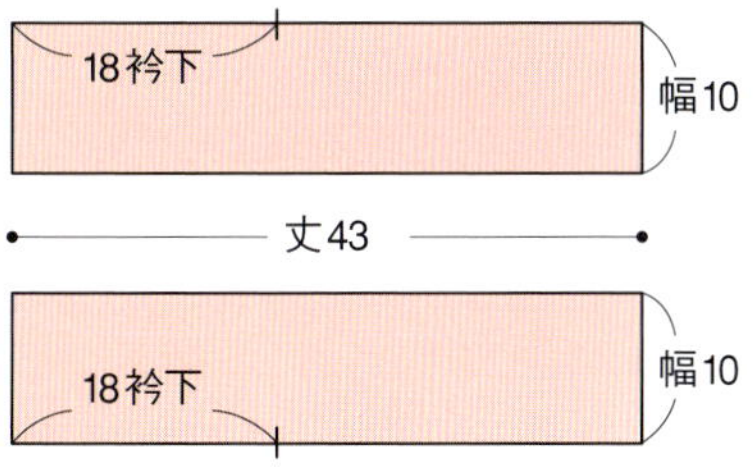

半衿１枚

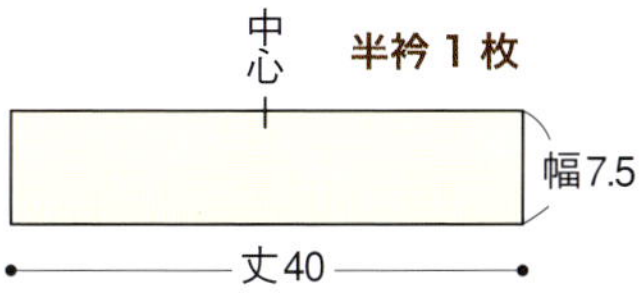

左・右袖
表布、裏布各１枚

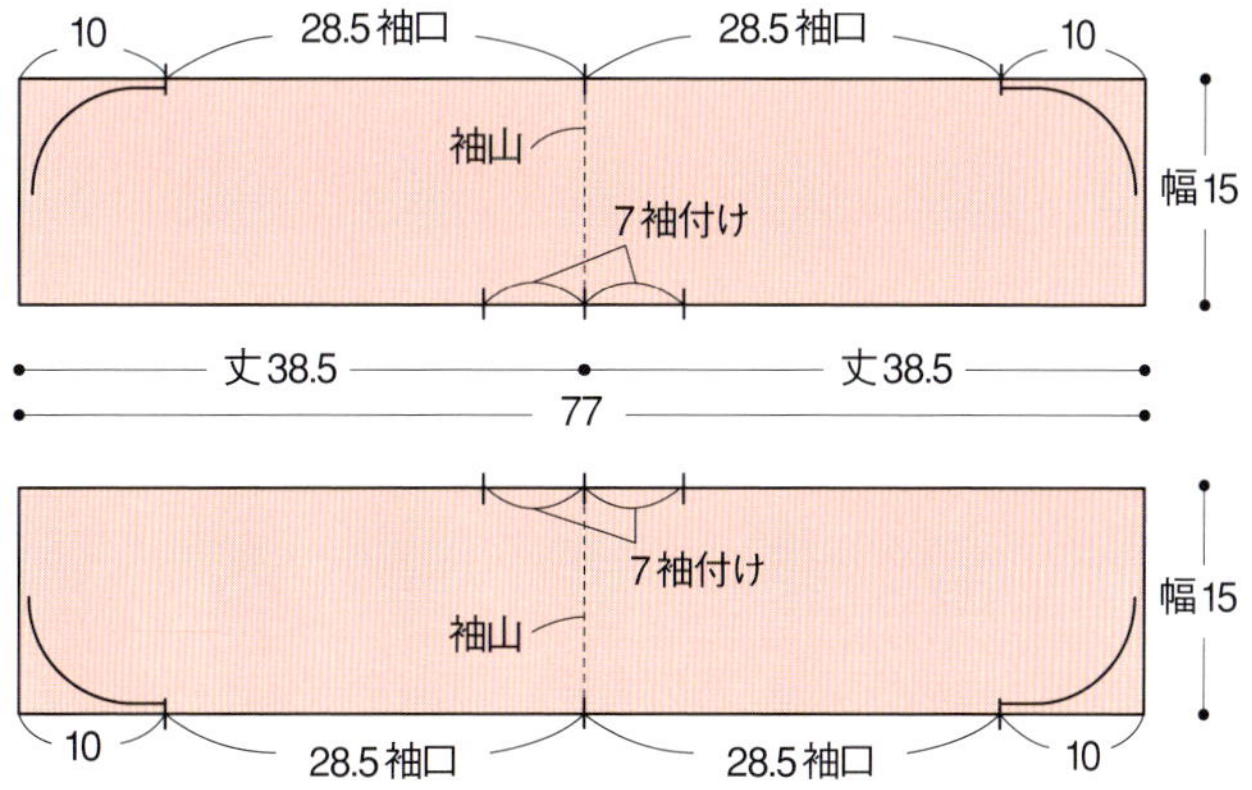

※左右の袖は対称に印を付ける
※表布と裏布同寸

本衿１枚

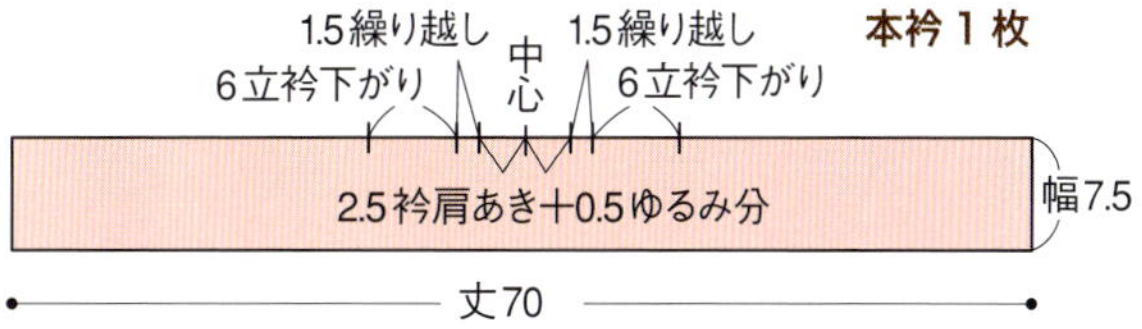

※衿肩あきの寸法はゆるみ分を加える

長じゅばんに付ける半衿は、下着が無地の場合は柄布に、下着が柄布の場合は無地にします。色は下着と合わせるとよいでしょう。

【被布】

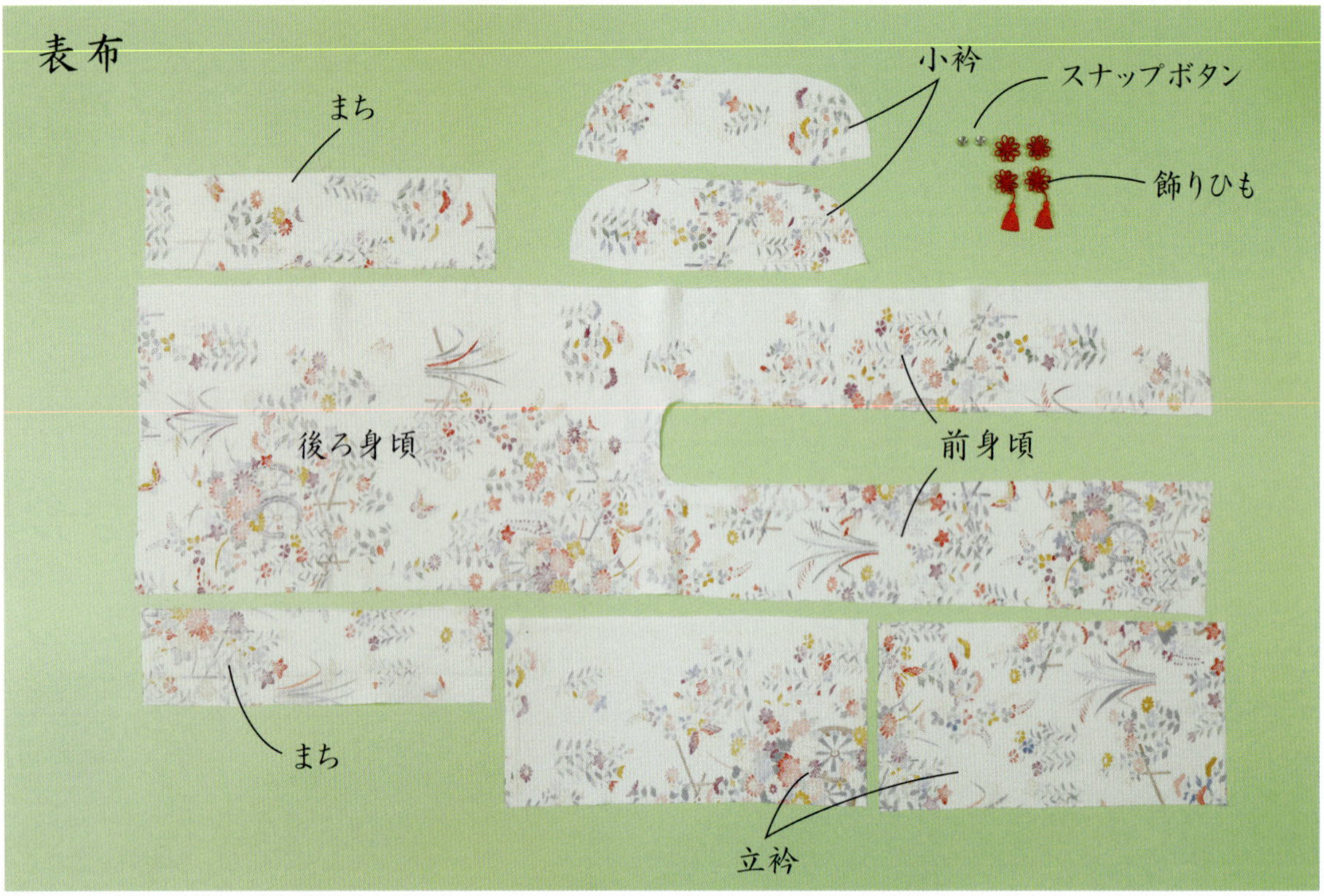

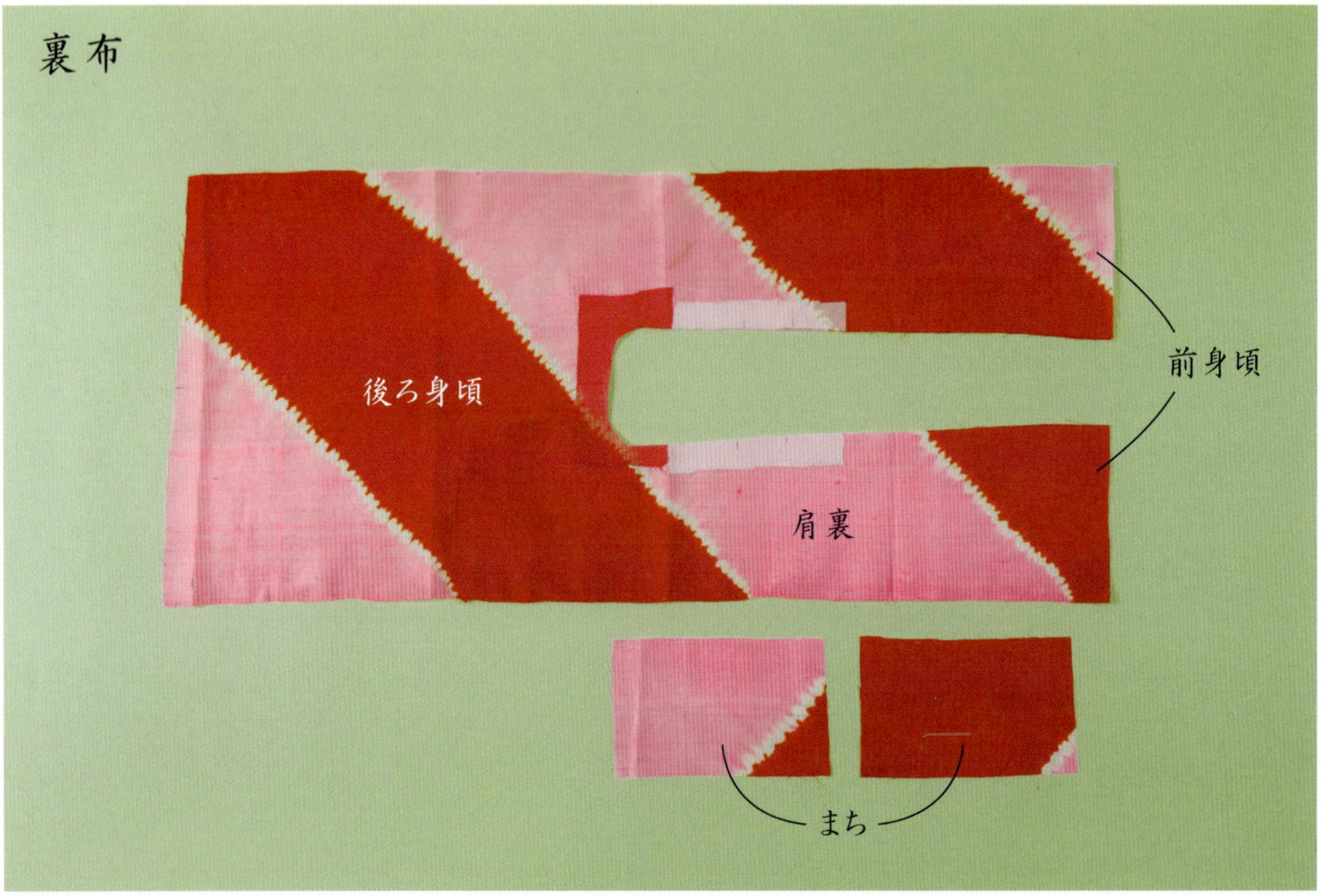

被布に必要な布

- 身頃
- 小衿2枚
- まち2枚
- 立衿2枚
- 肩裏
- まち裏布2枚

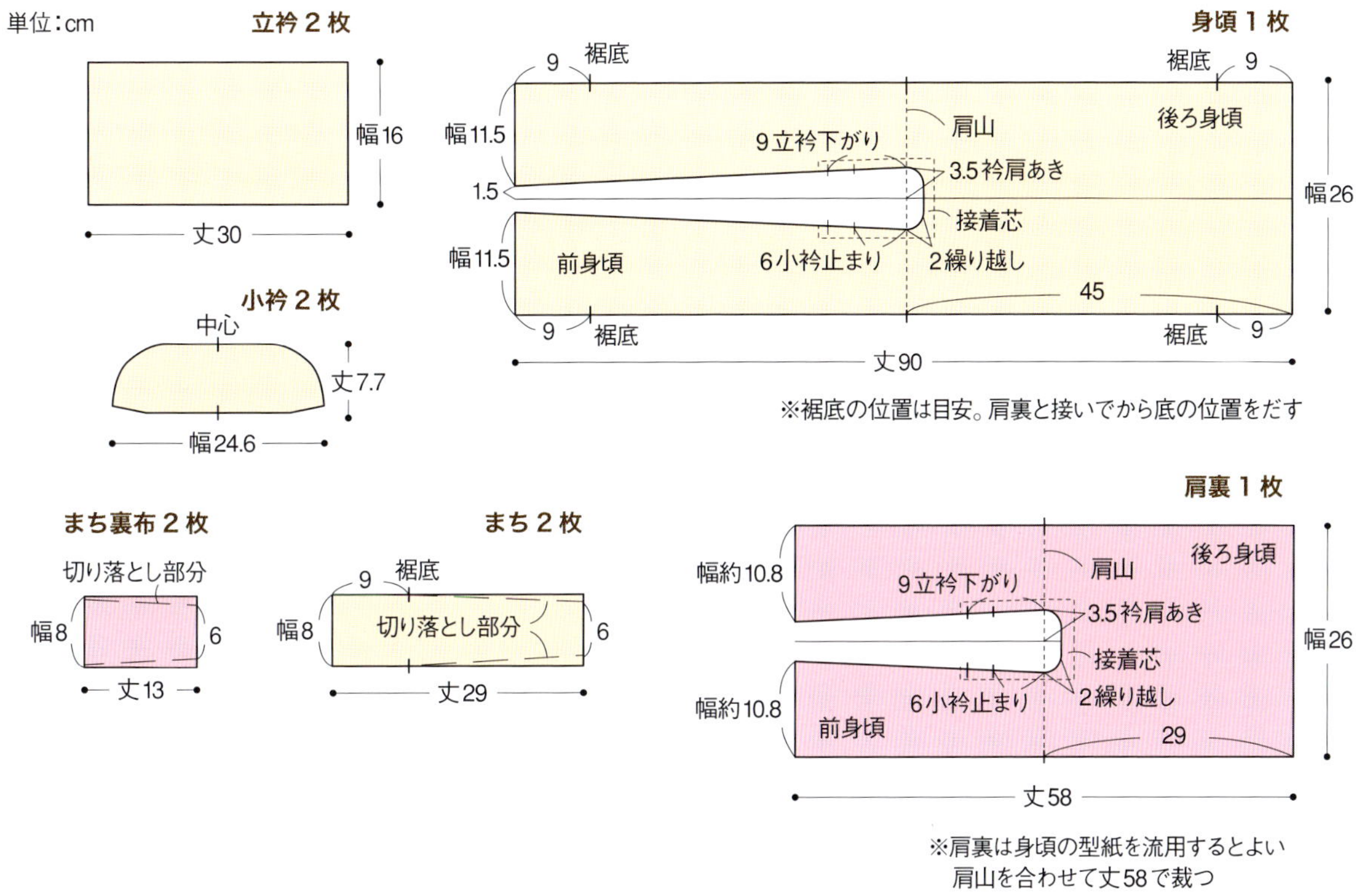

着物、下着、長じゅばん、被布の縫い代について

寸法や型紙にはすべて縫い代が含まれています。
以下にあげる部分以外は、すべて8mmの縫い代で縫います。

- 着物、下着　袖裏布に袖口布を付けるときの縫い代 ………… 5mm
- 着物、下着　袖口の表布と裏布を合わせるときの裏布の縫い代 ………… 3mm
- 着物、下着　袖振りの表布と裏布を合わせるときの裏布の縫い代 ………… 1.5cm
- 着物、下着、長じゅばん　袖付けで袖の裏布と身頃の裏布を縫い合わせるときの縫い代 …… 5mm
- 着物、下着　衿を付けるときの身頃側の衿肩あき回りの縫い代 ………… 5mm
- 着物、下着　衿下（立褄）の表布と裏布を縫い合わせるときの縫い代 ………… 5mm
- 長じゅばん　本衿を付けるときの身頃側の衿肩あき回りの縫い代 ………… 5mm
- ミニサイズと2号の着物、長じゅばん ………… 縦5mm　横7mm
- 被布　小衿の縫い代 ………… 5mm

着物の縫い方

15号のお人形さんの着物と長じゅばん、被布の縫い方を説明します。下着の縫い方は着物と同じです。お人形さんに着せずに、着物だけで飾る場合は、最後の腰あげをせずに完成させてもかまいません。特に裾を広げて後ろを見せて飾る場合は、柄のいい部分が後ろにくるように取り方に注意してください。

まず型紙を作ります。102ページからの寸法表ととじ込み付録の各カーブを見て型紙を作ります。寸法表も実物大型紙も、縫い代を含んだサイズです。布の裏に型紙を重ね、印を付けて裁ちます。型紙に付いてある印はすべてうつしましょう。

基本の縫い方はぐし縫いです。寸法には縫い代が含まれているので、布に出来上がり線を引かずに指定の縫い代（79ページ参照）を目分量でとりながら縫います。布をまち針で留め、糸の端に玉結びを作って縫い始めます。縫い始めでは必ず一針返し縫いを。縫い終わりは、布がつれないように糸こきをします。指で縫い目をしごいてのばします。古布を使ったり、長い距離を縫ったときは布が傷まないように少しずつしごきましょう。最後に一針返し縫いをして玉止めをします。縫い代を片倒しするときは必ずきせをかけます。縫い目よりもやや内側を折ってきせをかけると、表から縫い目が見えなくなってきれいで落ち着きます。

長い距離を縫うときなど、糸が足りなくなったら今縫っている糸に新しい糸を結ぶか、玉止めをして2、3目戻った位置から新しい糸を重ねて縫います。

【和裁用語と縫い方】

【ぞべ（飾りしつけ）】
小さな針目を表に出してしつけをかけます。基本は白の絹しつけ糸です。

【一目落とし】
飾りしつけの一種。普通のしつけとは逆で、裏に大きな針目、表に小さな針目が出る縫い方。

【二目落とし】
飾りしつけの一種。裏に小さな針目と大きな針目を交互に出す縫い方。表に小さな針目が2つ続き、大きくあいてまた小さな針目が2つ続きます。

【四つ縫い】
裏を付ける袷《あわせ》の着物の仕立て方で、袖下、脇の一部など表布と裏布の4枚を一緒に縫う縫い方。

【くける】
表から針目が見えないように縫い合わせる縫い方。片方、または両方の布の端を折って重ね、折った布すくって縫い進みます。片方のみを折った場合は、折らない方の布に小さな針目を出します。1～1.5cm間隔で縫います。

【八掛】
袷の着物で裾などに付ける裏布のこと。裾回しとも言います。

【ふき】
袷の着物の袖口や裾で、裏布が表に折り返してあり、少し見える部分。

【中とじ】
表布と裏布が離れないように、表布と裏布の縫い代をあらく縫い止めること。

【腰あげ（おはしょり）】
着物を着丈よりも長く作って、帯の下に余分をたくし上げる部分。

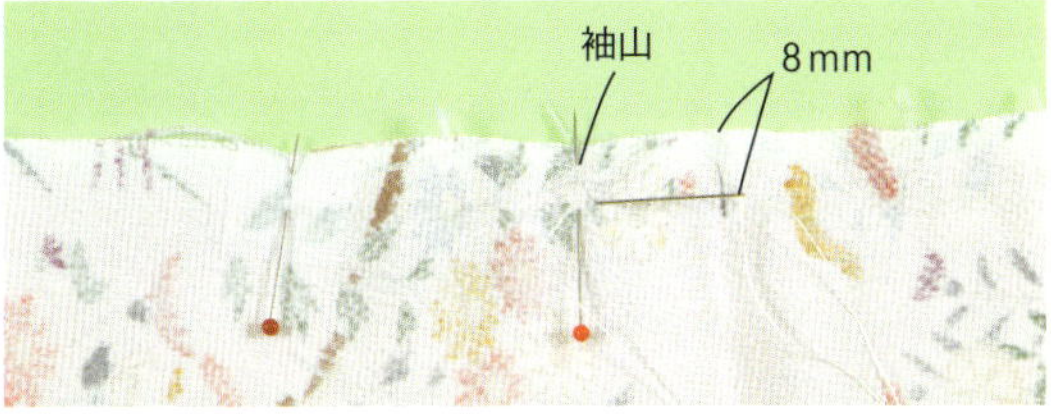

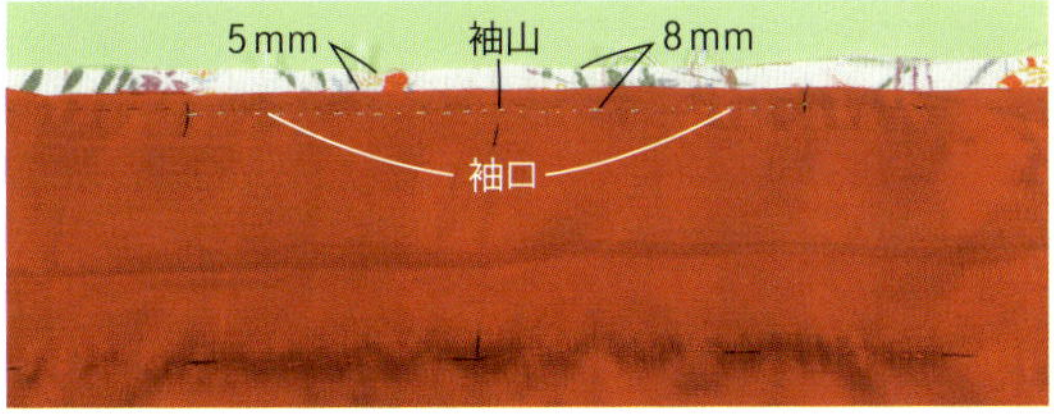

4 袖表布の裏側から袖口を縫います。表布と同じ色の糸で、まっすぐ縫えているか時々裏布側も確かめながら縫います。袖山で1針返し縫いをし、ゆるみが端にかたよらないようにします。

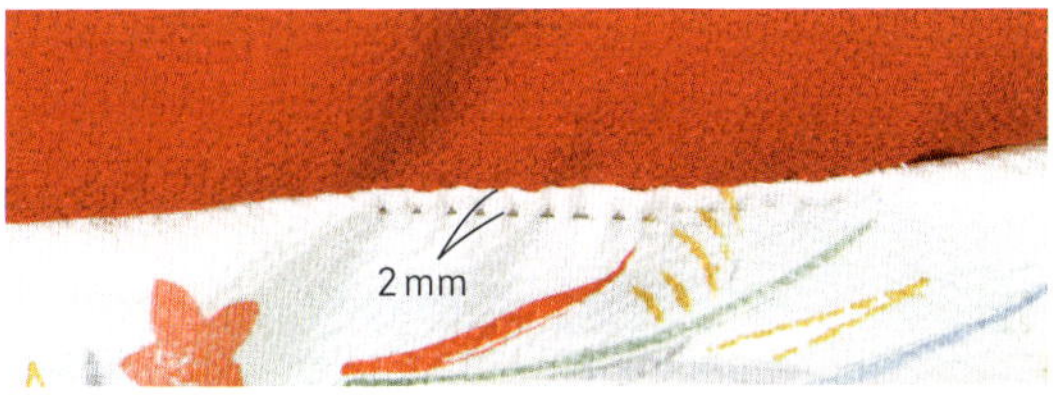

5
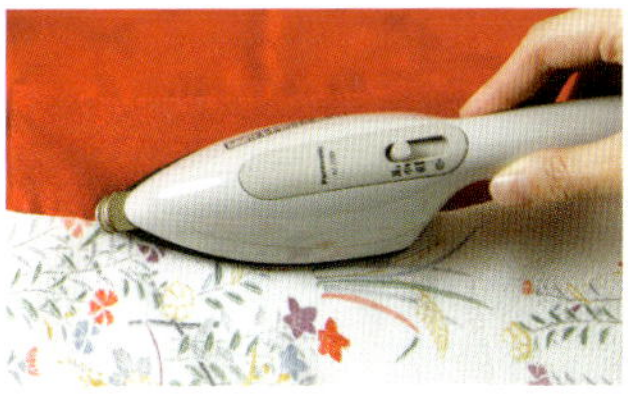
袖表布と袖裏布をひらき、少しきせをかけて縫い代を表布側に倒しながら袖口にのみ、ぞべを小さな針目で縫います。縫い終えたらぞべと袖口布にすべらさず押さえるようにしてこてを当てます。

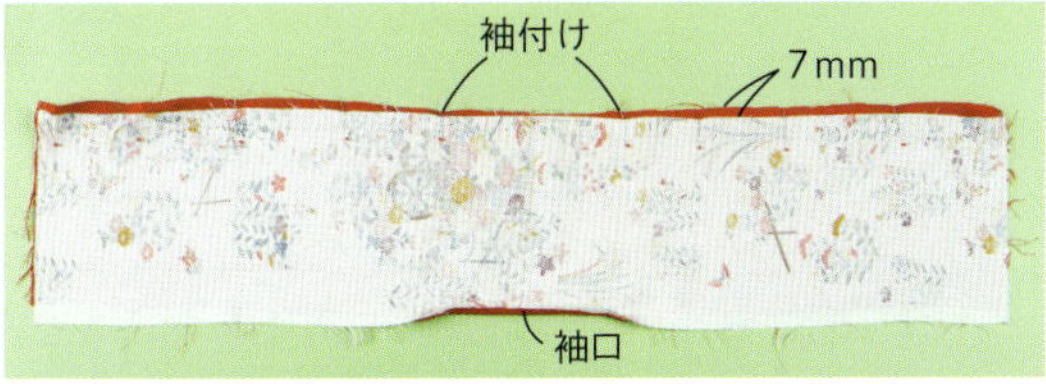

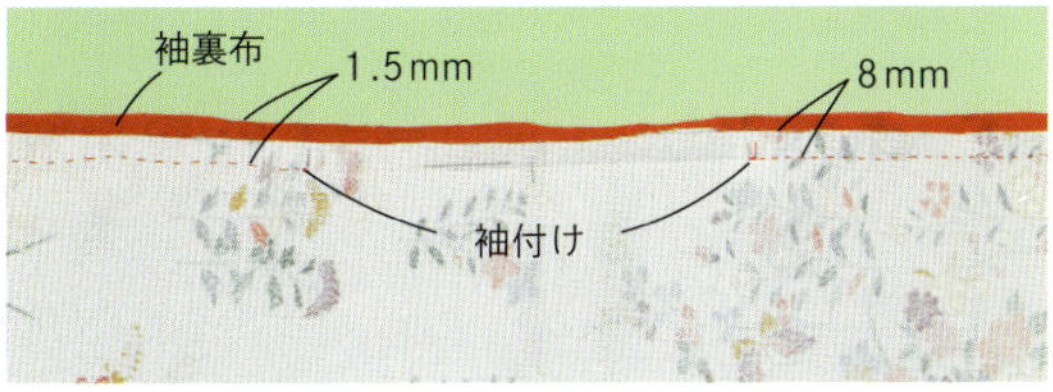

6 振り（袖付けから下の部分）を縫います。袖表布と裏布を中表に合わせてまち針で留めます。縫い代は裏布が1.5cm、表布が8mmなので裏布が7mm飛び出します。表布にややゆるみをもたせておき、裾で両端がきちんと合わなくてもかまいません。袖付けを残して、裏布と同じ色の糸で端まで縫います。

着物

袖を縫う

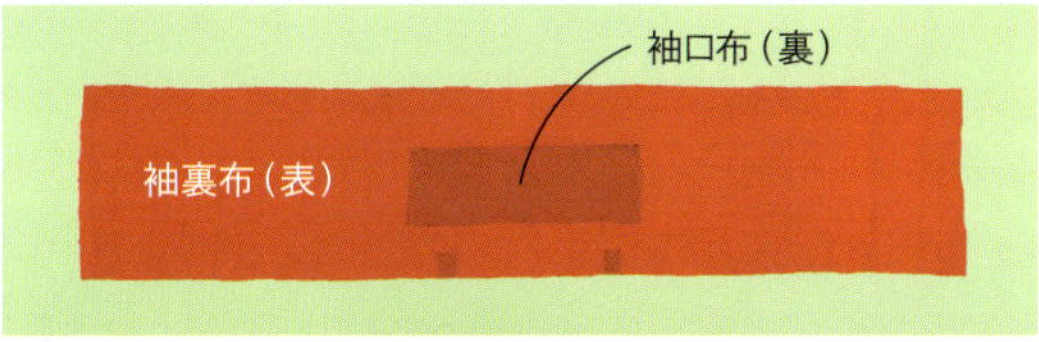

1
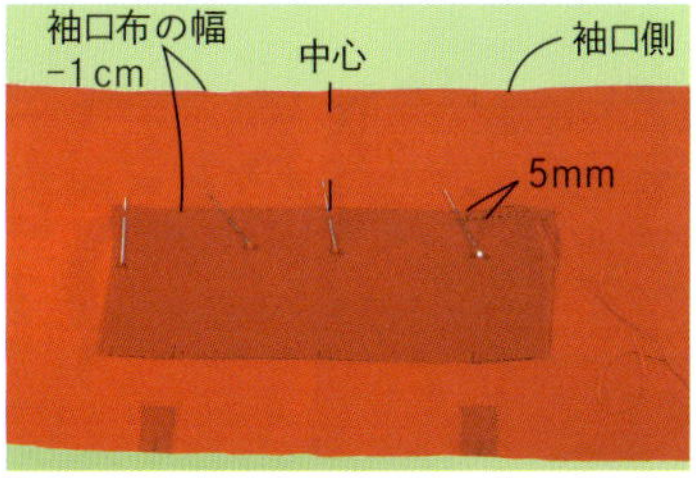

袖裏布の表に袖口布を付けます。きせをかけて表に返したときに布端が袖裏布と揃う位置に、中表に袖口布を重ねてまち針で留め、袖口布と同じ色の糸で端から端までぐし縫いします。縫い代は5mmです。

2
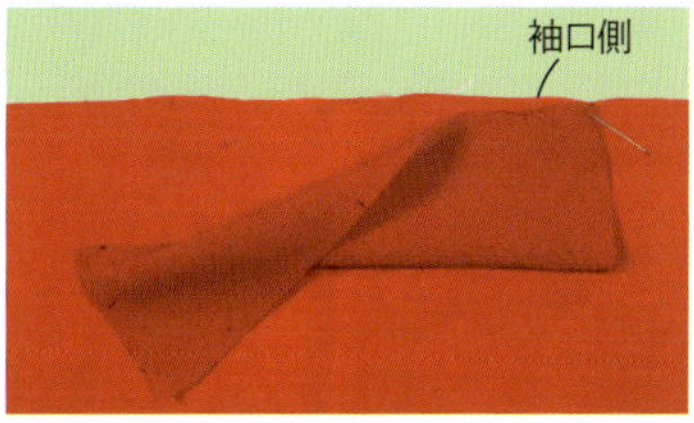

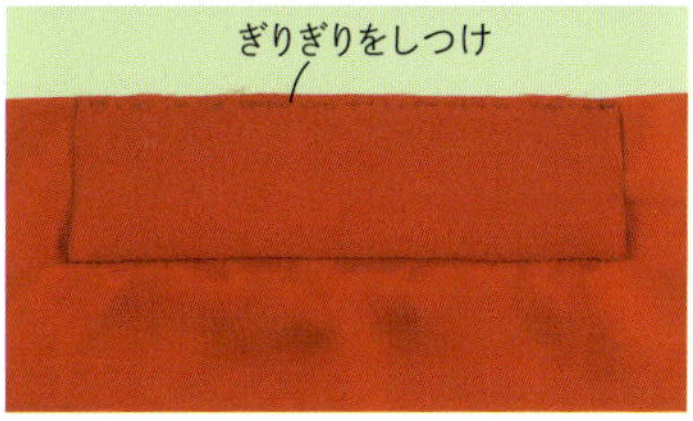

袖口布を表に返して袖裏布と布端を合わせ、布端ぎりぎりをしつけで留めます。このしつけは後からほどかないので、袖口布と同じ色の糸であらくぐし縫いします。細かく縫うと引きつれてしまうので注意を。

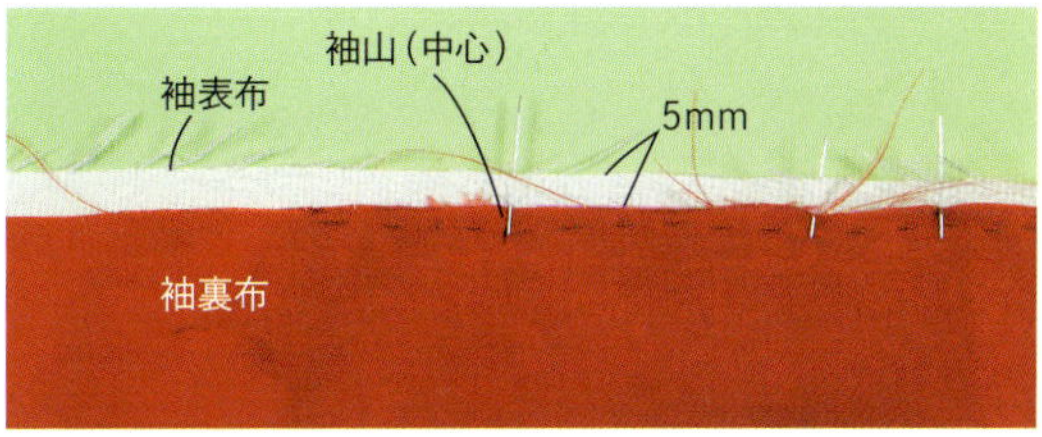

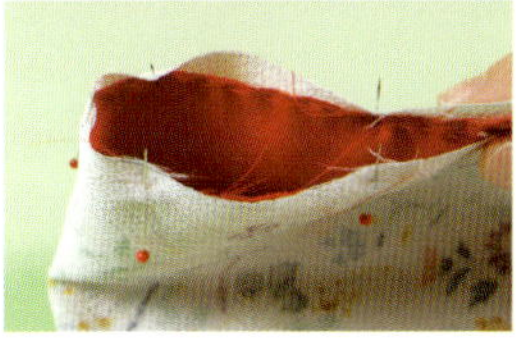

3 袖裏布と袖表布を中表に合わせて袖口を縫います。縫い代は、袖裏布3mm、袖表布8mmなので、表布が5mm飛び出します。表布の特に袖山（中心）の布に少し波打つくらいゆるみをもたせてまち針で留めます。このゆるみがないと袖を二つ折りしたときにきれいに折れなくなります。

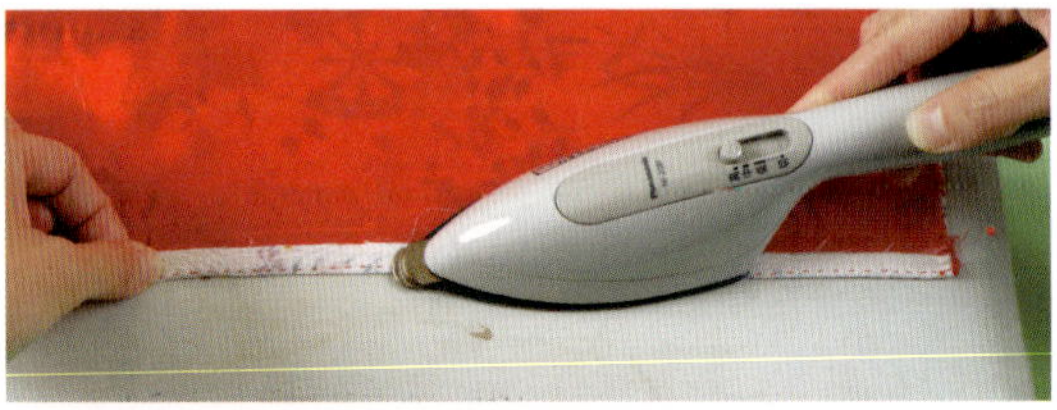

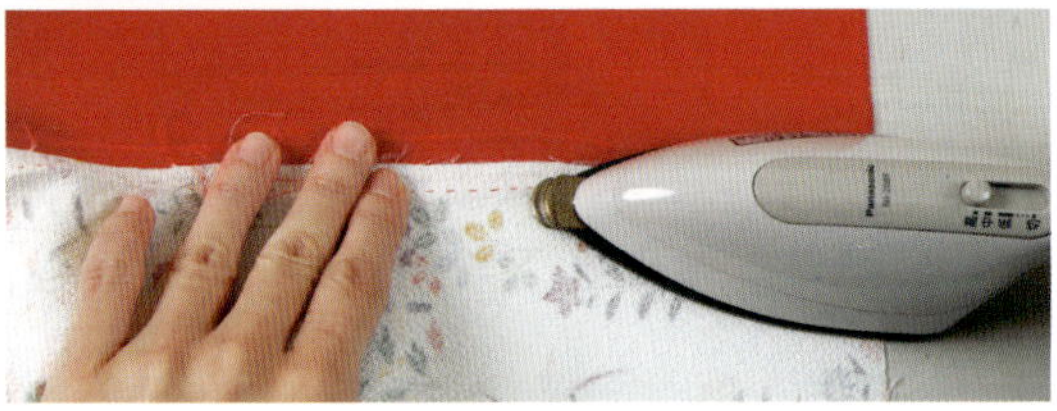

7 こてを当てます。表布と裏布が重なった状態できせをかけて縫い代を裏布側に折り、こてを当てます。次に縫い代を裏布に倒したままの状態で表布をひらき、表布にこてを当てて折り線を消します。

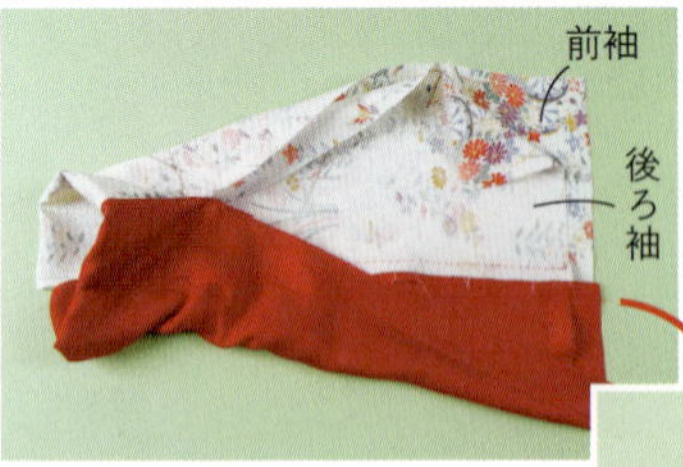

8

後ろ袖を内側に入れ込んで筒状にします。後ろ袖と前袖が筒状に中表に合わさっている状態です。布端を合わせ、きせの位置がぴったり合うように重ねて外側からまち針で留めます。

9

縫い代8mmの位置をきせが動かないように少ししつけをかけます。縫い目から4mmの位置にまち針を留めて折り山の位置を作り、このまち針を山にして折ります。折り山の下のまち針で縫い代、表布、裏布を一緒に留め直します。

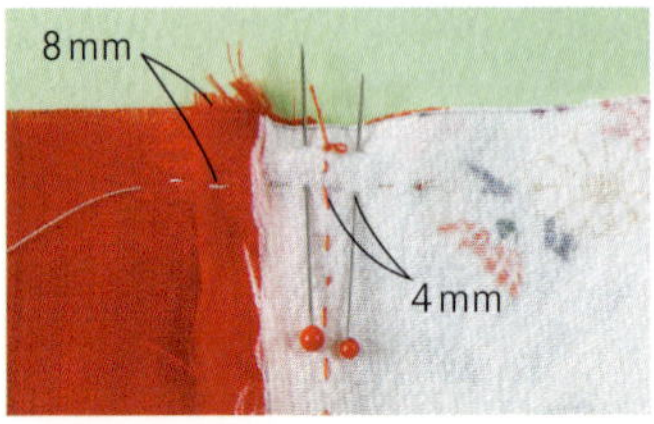

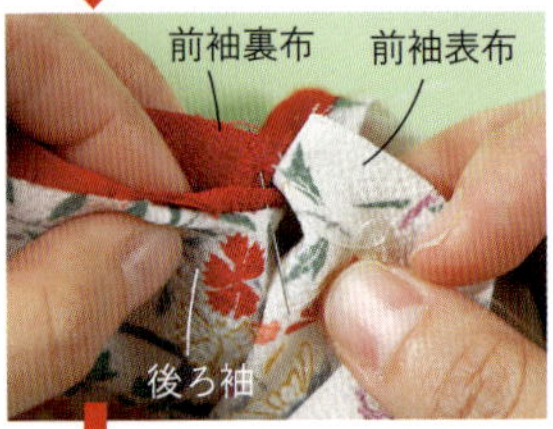

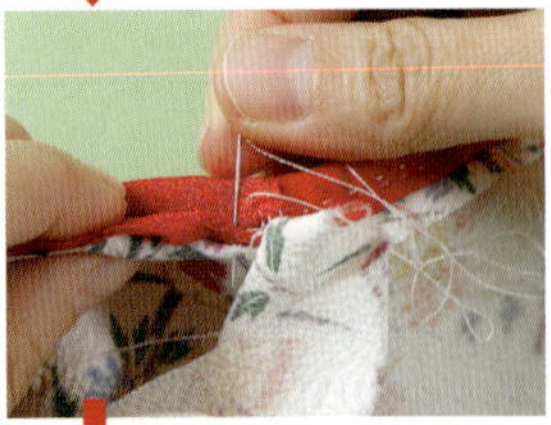

10

袖口のとめ縫いをします。糸端に玉結びをせずに、4で縫った前袖表布の袖口の縫い終わりの少し下から針を入れ、後ろ袖の袖口の縫い終わりを表布と裏布を一緒に、折り山のきわを1針すくいます。糸は引ききらずに残しておきます。そのまま前袖裏布の袖口の縫い終わりの少し下に針を出します。1針すくい、同じように後ろ袖の表布と裏布を一緒に、折り山のきわ、最初の1mm隣を1針すくって前袖表布に針を出します。糸を動かすとするすると動くはずです。残しておいた最初の糸端と結んで止めます。左袖の場合は表布が手前、右袖の場合は裏布が手前になります。

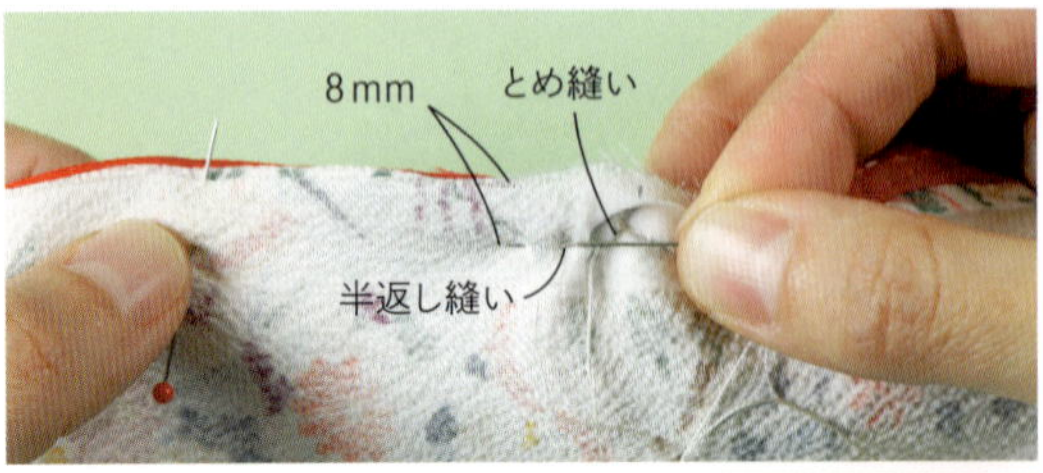

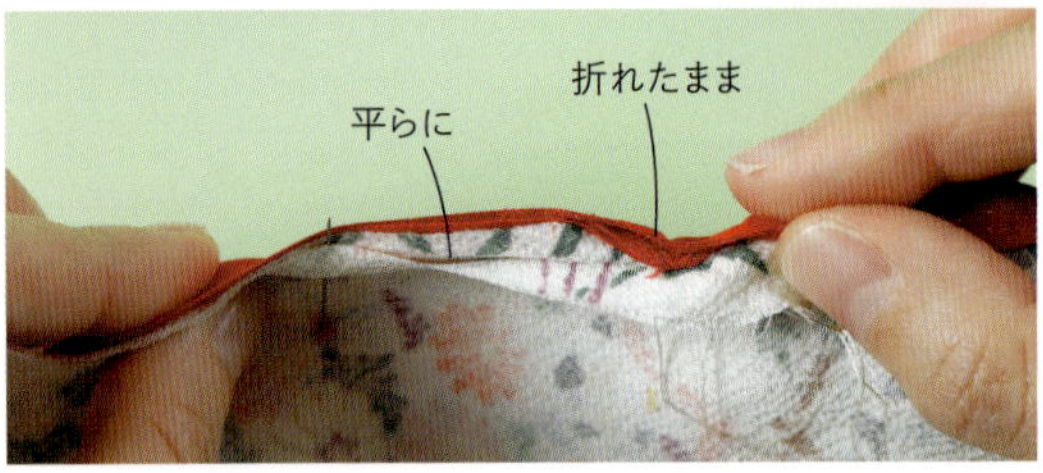

11 とめ縫いから先の袖口下の4枚を合わせて四つ縫いします。とめ縫いから3cmくらいまでは、とめ縫いで折れている縫い代は折れたままの状態で半返し縫いし、その先は中表の状態の表布と裏布の4枚を平らに合わせて四つ縫いします。

12 裾も4枚を合わせ、縫い代8mmでまち針を留めます。袖丸み形を合わせて印を付け、まち針を印に沿って留め直します。15号の着物の場合、袖のカーブは7cmです。

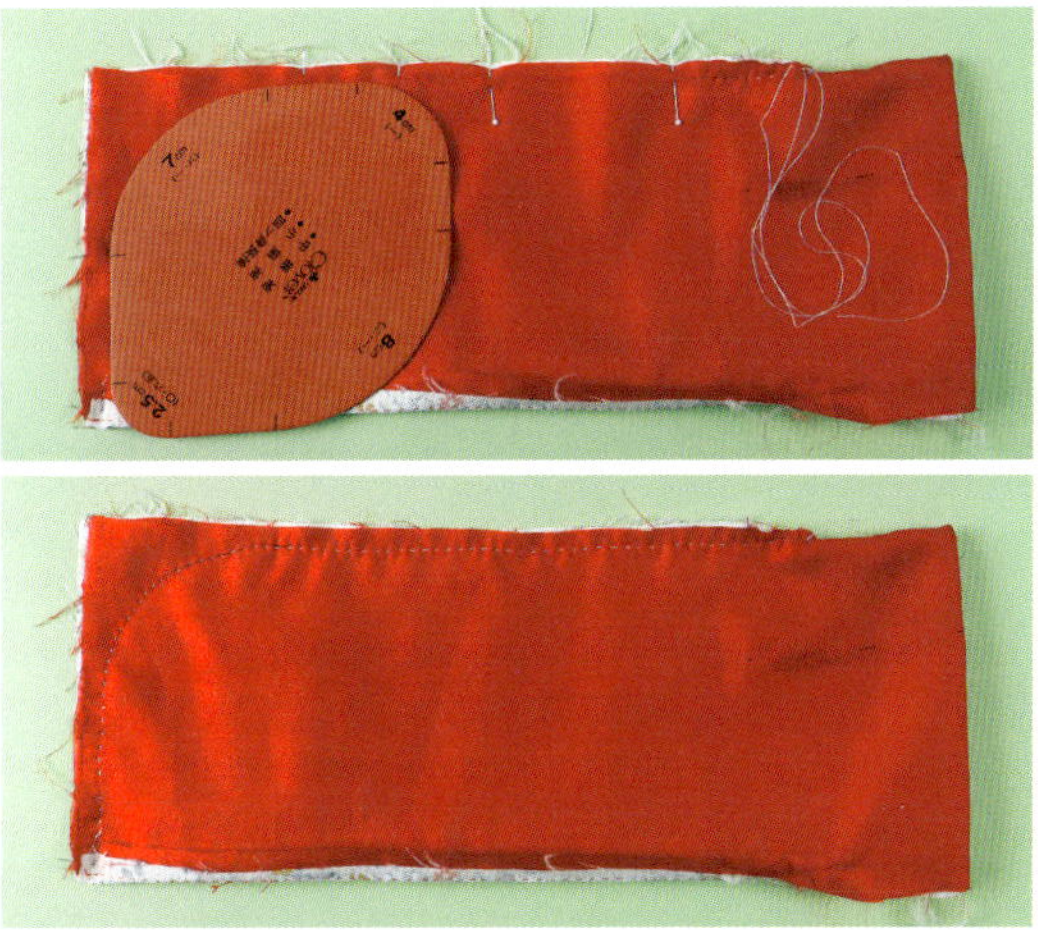

13 もう片方の袖の場合は、裏布側を見ながらまち針を留めて縫います。袖口下をぐるりと縫い代も一緒に縫います。振りは表布にゆるみをもたせたために布端が揃っていないので、袖口下まで5cmくらいの間で布端を揃えるようにします。

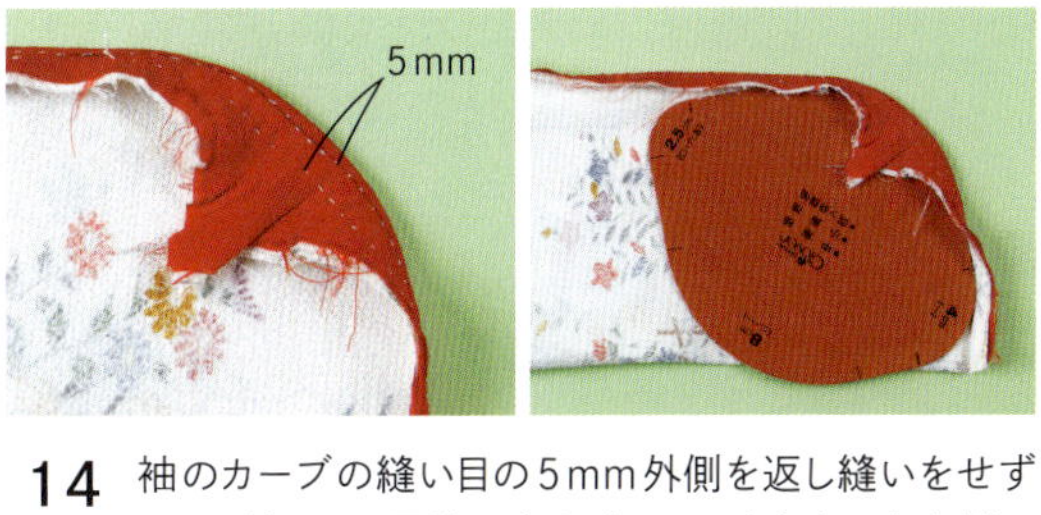

14 袖のカーブの縫い目の5mm外側を返し縫いをせずにぐし縫いし、最後は糸を残しておきます。表布側に袖丸み形を合わせてぐし縫いを引き絞り、こてを当てて縫い代を表布側に倒します。しっかりと形作れたら糸を引き絞ったまま玉止めをします。

15 袖付けのあきから表に返します。

16 振りの角が合っているか確認し、こてを当てます。裏布側からこてを当て、次に表布側にも当てます。

17 左右の袖が出来ました。袖付け部分のみがあいている状態です。裾の縫い代がある方が前袖です。左右が同じになっていないか確認しましょう。左右の前と後ろを間違わないように、袖付けの前側にまち針を留めておきます。

18 袖口にしつけをかけて、袖口布が見えるように形を付けます。このしつけは後からはずします。

身頃を縫う

19

前身頃におくみを中表に重ね、前身頃のおくみ下がりとおくみのカーブの始まる部分、裾を合わせてまち針を留めます。端から端まで縫い代8mmで縫います。おくみを表に返します。

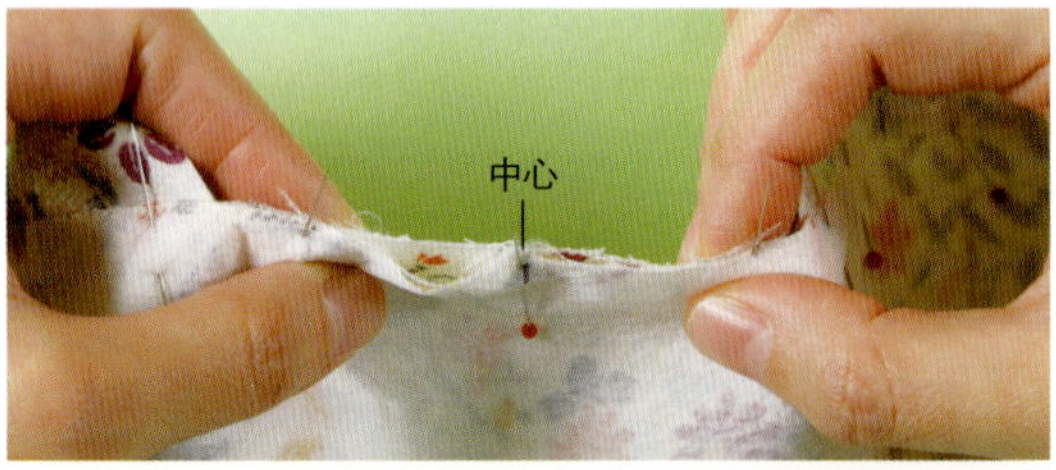

20 衿を付けます。後ろ身頃と衿の中心、前身頃と衿のおくみ下がりを合わせてまち針を留めます。衿を少しゆるませて合わせます。中心からおくみ下がりまでの間は自然に合わせます。身頃の衿肩あきの縫い代は5mm、それ以外は8mmです。

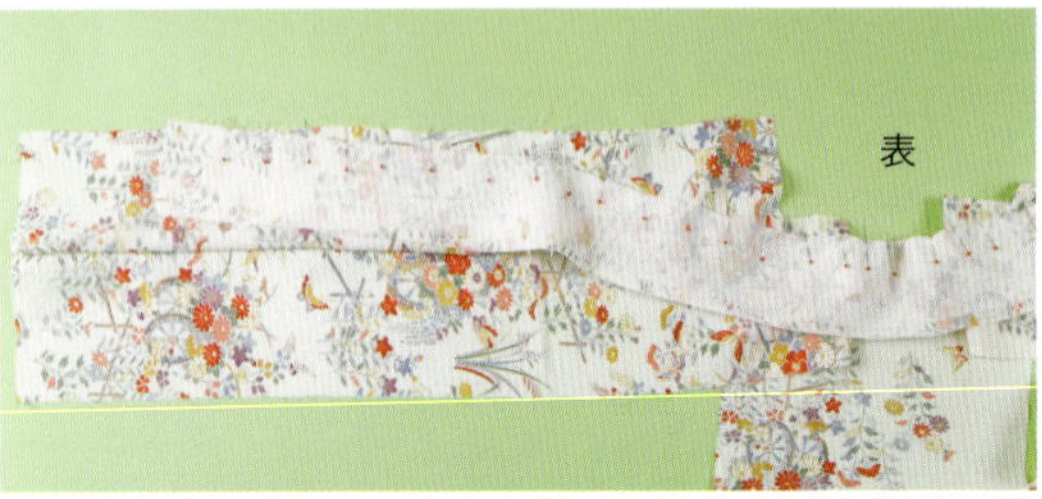

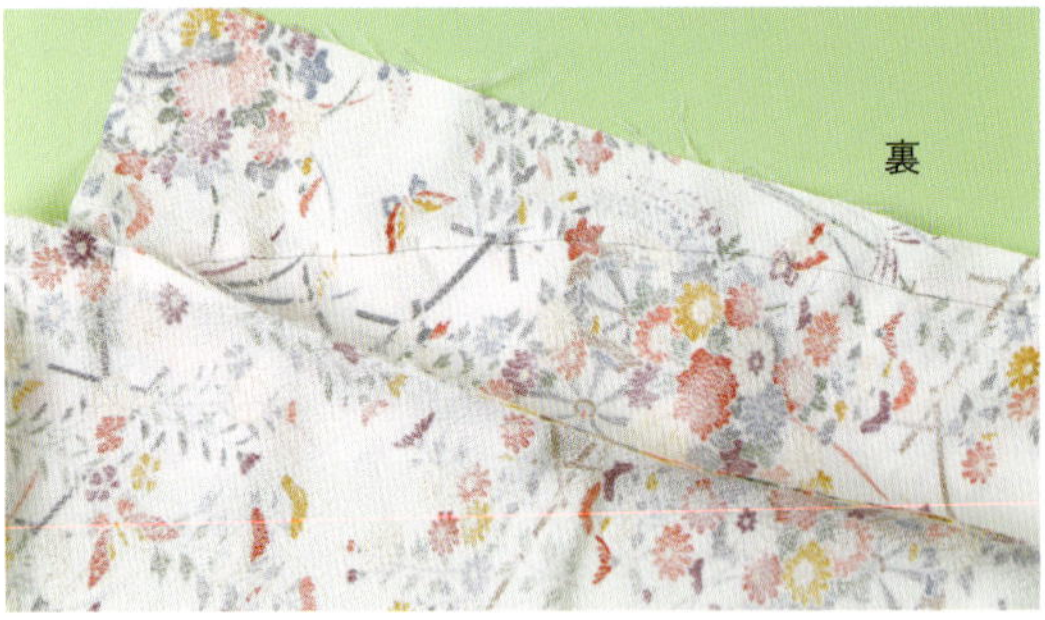

21 続けておくみのカーブの印と衿を合わせてまち針を細かく留めます。おくみのカーブ部分は衿をつり気味に合わせます。

22 ぐるりと縫います。衿肩あきの周囲は細かく縫い、おくみ下がりでは1針返し縫いをします。ずれないように、後ろも確認しながら縫いましょう。

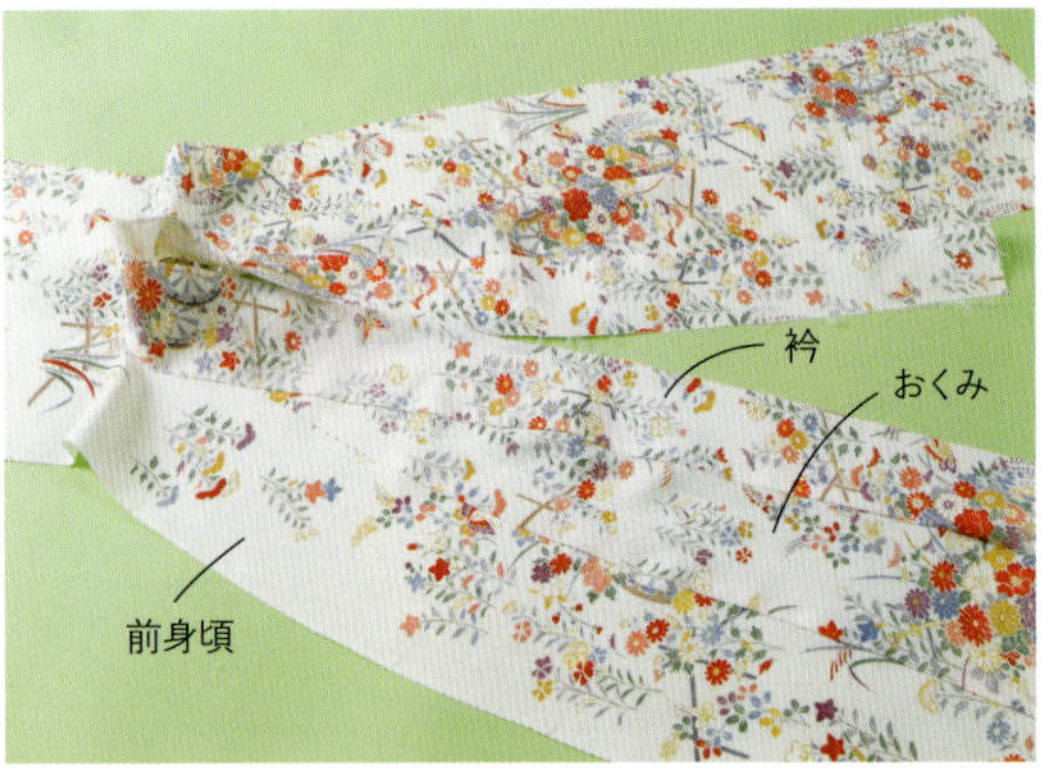

23 こてを当てて、縫い代を片倒しします。衿を付けた縫い代は衿側に、おくみと前身頃を付けた縫い代はおくみ側に倒します。

24 衿の仕上り寸法に縫い代を折っておきます。引っぱらないように折りましょう。

25 脇を縫います。前身頃と後ろ身頃を中表に合わせ、裾から17cm（裾回しの丈から裾のふき分を引いた寸法）縫います。縫い代は前身頃側に片倒しします。

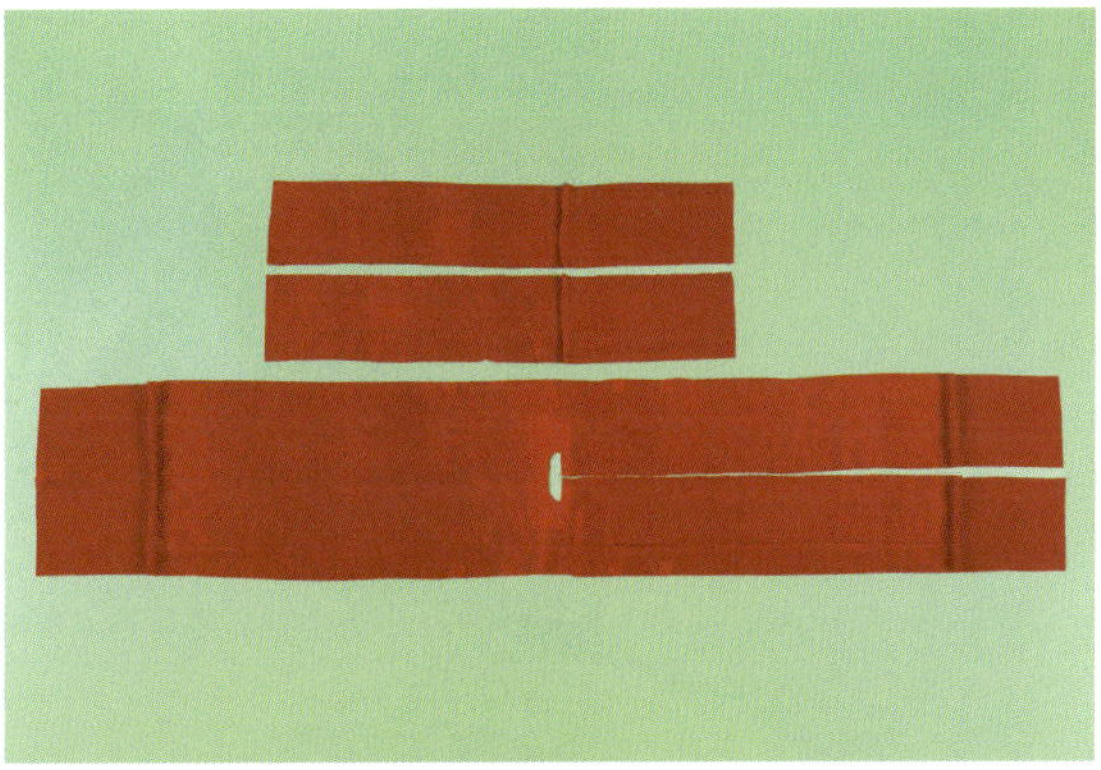

26 裏布を縫います。胴裏とおくみにそれぞれ裾回しを中表に合わせ、8mmの縫い代で縫います。糸は胴裏と同じ色の糸を使います。縫い代は胴裏側とおくみ側に片倒しします。

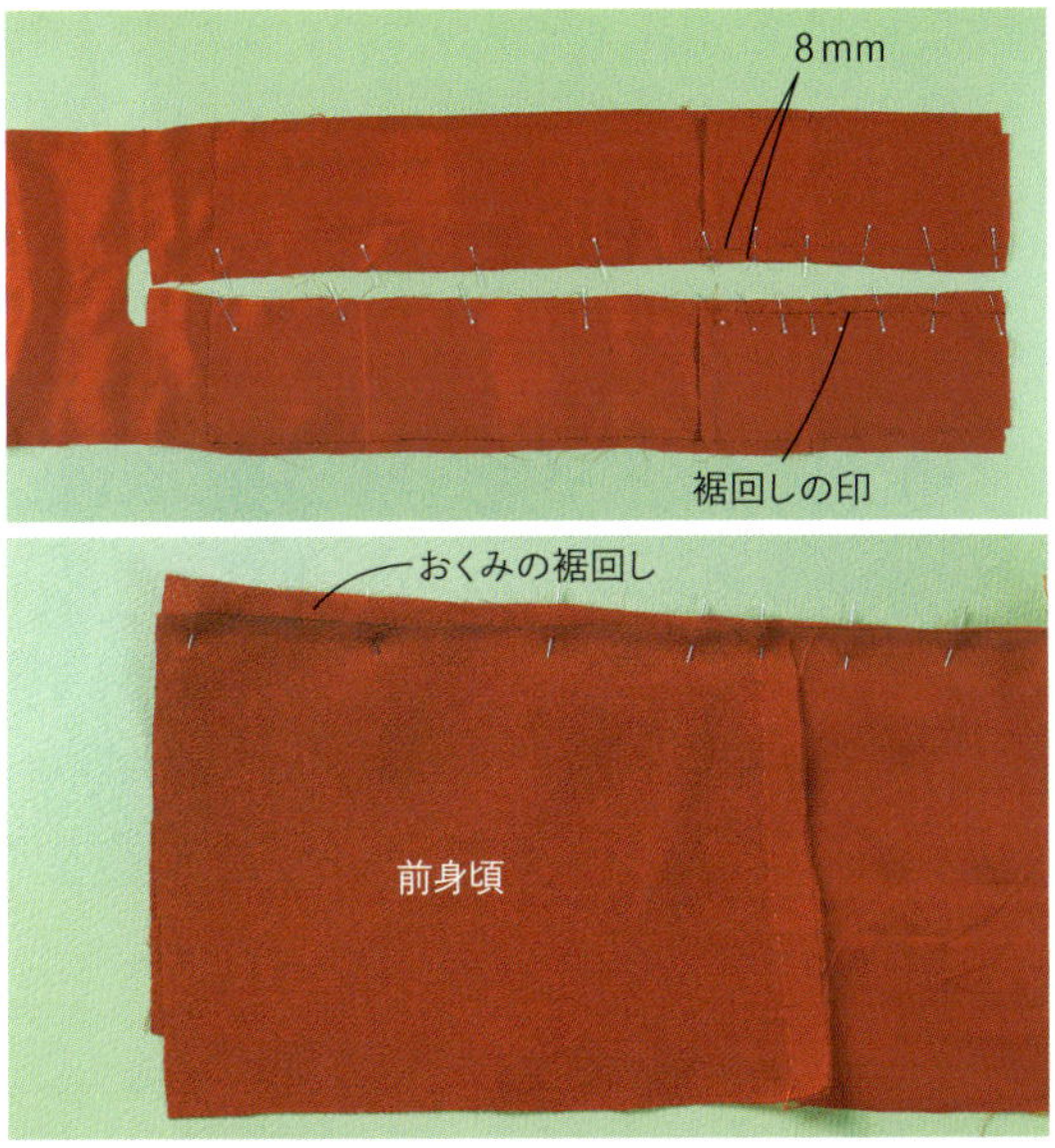

27 おくみ裏布を胴裏の前身頃に中表に合わせます。おくみの裾回しにはつまをきれいに仕上げるために斜めの印を引いておき、裾回し部分はこの印と合わせます。身頃の縫い代は8mmです。

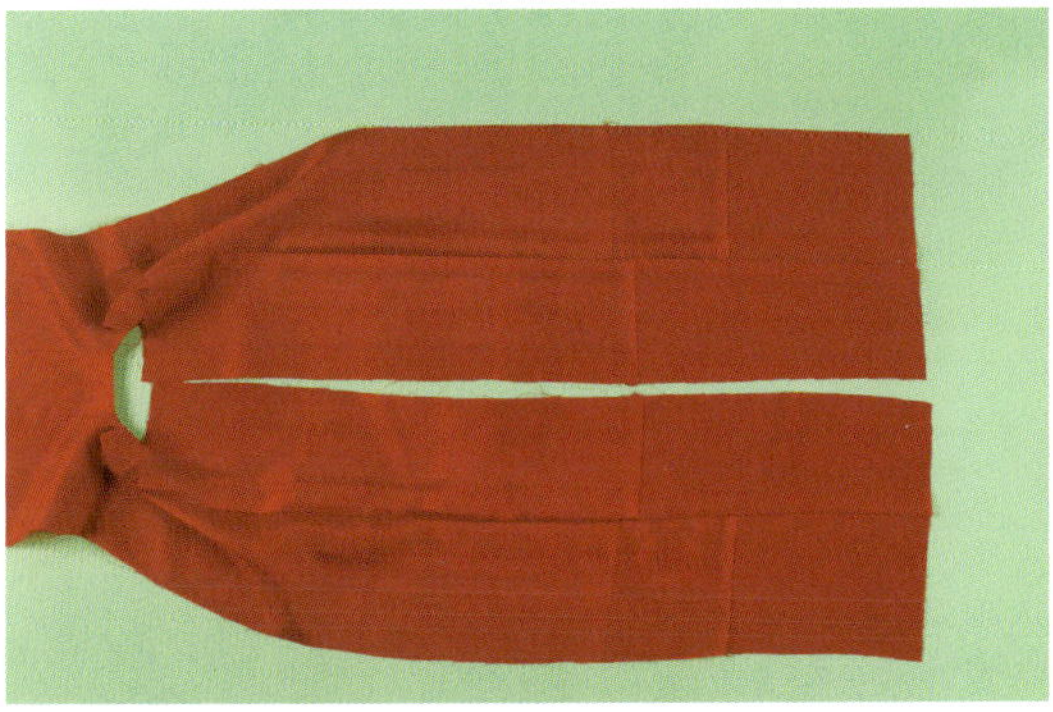

28 端から端まで、裾回し部分は裾回しの色の糸、そのほかは胴裏の色の糸で縫います。縫い代はおくみ側に片倒しします。

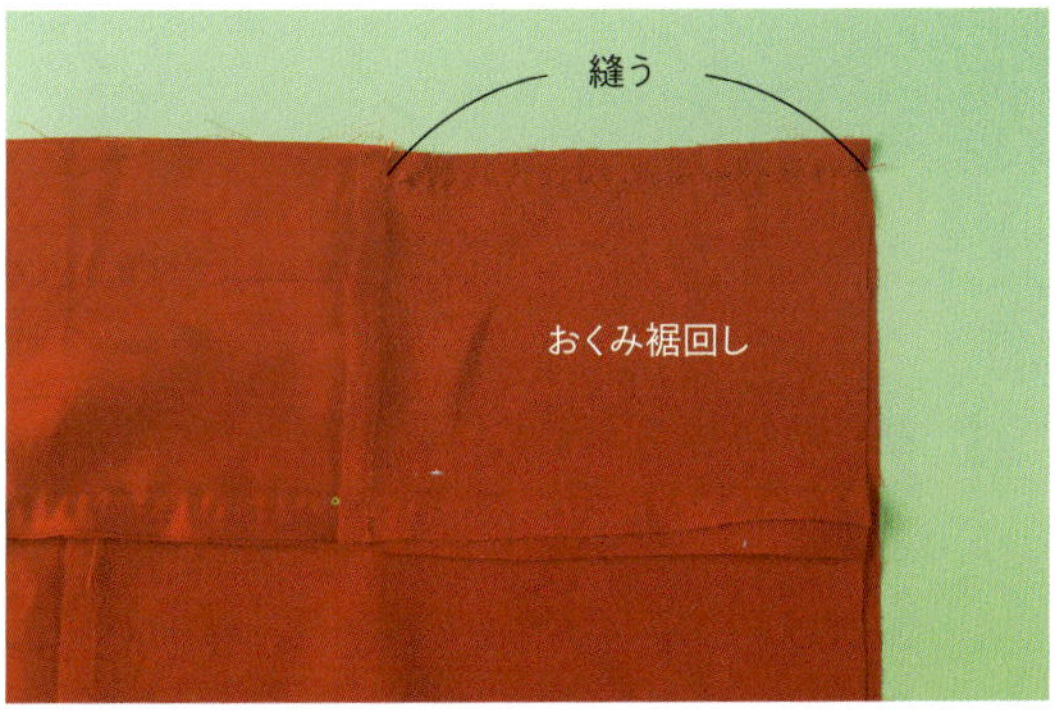

29 脇を縫います。肩山で前身頃と後ろ身頃を中表に折って裾を合わせ、裾から裾回しの接ぎ目まで裾回しの色の糸で縫います。

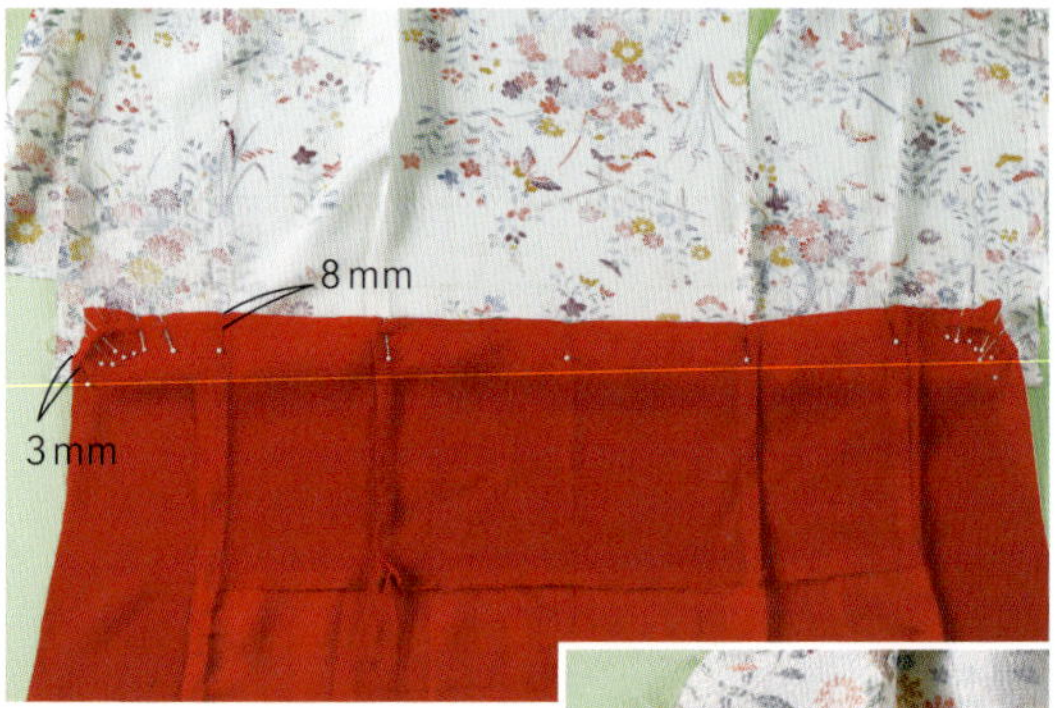

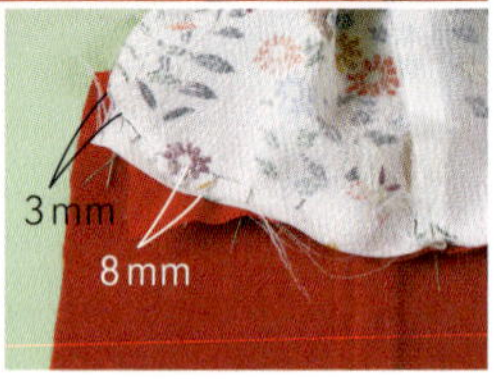

30

裾回しの裏のつま部分につまの型紙でカーブの印、表布のつま部分に裾側に8mm、おくみ側に3mmの直線の印を付けておきます。裾を裏布を手前にして表布と中表に合わせます。接ぎ目と接ぎ目を合わせてまち針で留め、つま部分は印を合わせて細かくまち針を留めます。表布をゆるませて合わせると、裾に綿を入れたときにきれいに見えます。裾を裾回しの色の糸で縫います。接ぎ目ごとに返し縫いをしましょう。

31

縫い代を表布側に倒してぞべを縫います。裏はカーブ、表は直線で縫っているので、つり気味の場合は表布に小さく切り込みを入れておきます。

32

裾に青梅綿を入れてふきを作ります。綿の大きさは着物の号数によって変わりますが、15号の場合は幅7cm長さ105cm（後ろ身頃の幅+前身頃の幅2枚分+おくみの幅2枚分に×1.5）です。綿ははさみで切らずに、ふんわり感を出すために手でちぎります。裏布側に綿を重ね、縫い代に木綿の糸で綿が波打つくらいゆるく縫い付けます。つまのカーブにも沿わせて、始めと終わりは返し縫いをしておきます。

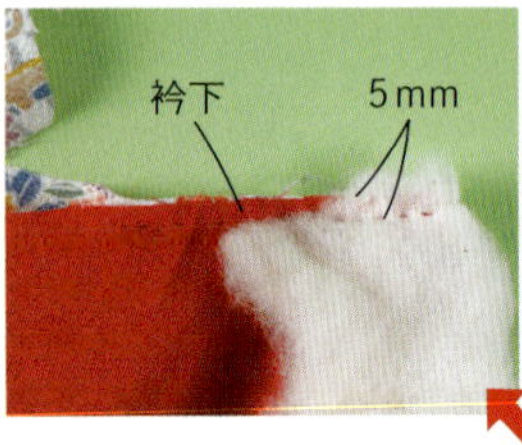

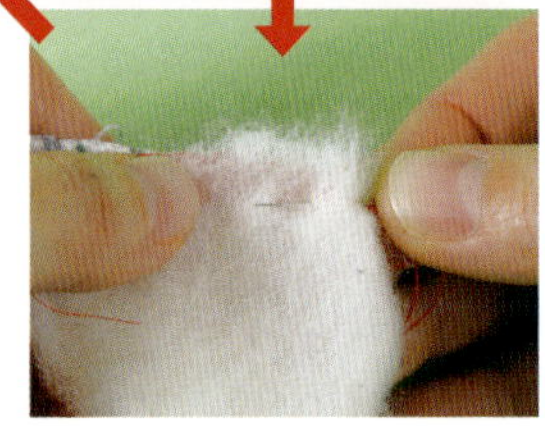

33

つまを縫います。表布の角に針を出し、そのまま裾回し側に刺して綿側に出し、衿下を綿の先まで縫います。縫い代は5mmです。

34

表布側に縫い代を折って、角を指で押さえながら表にひっくり返します。綿をゆるく付けてあるので、角に綿が先に入ってきれいに見えます。裾のふきが1.5cm綿が入って表に見えてきます。

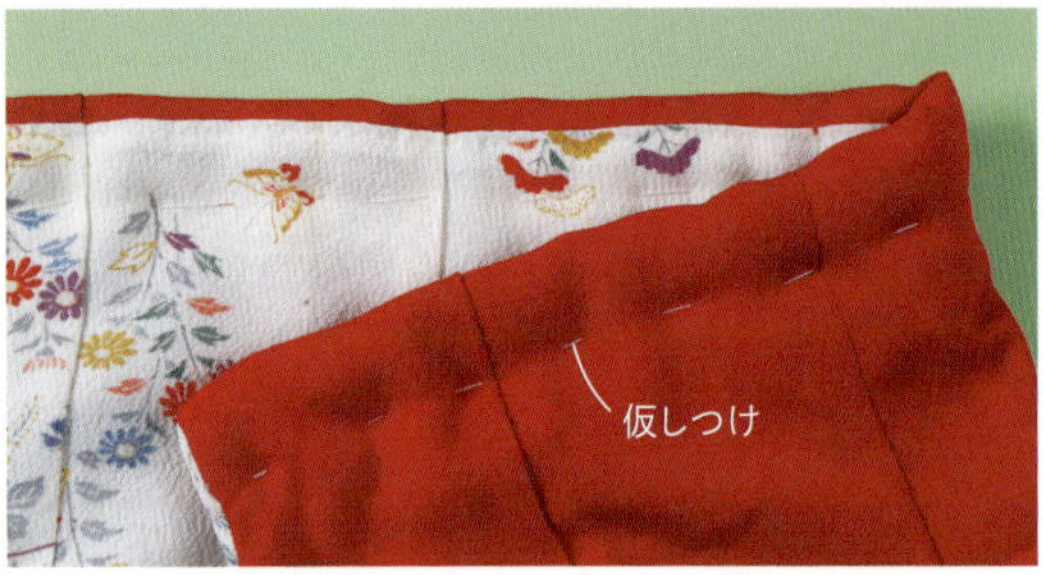

35

まち針を留めながら整えて、綿をきれいに広げながら内側に入れます。綿が逃げないように仮しつけをかけて綿を押さえます。

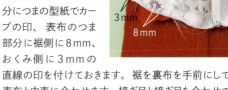

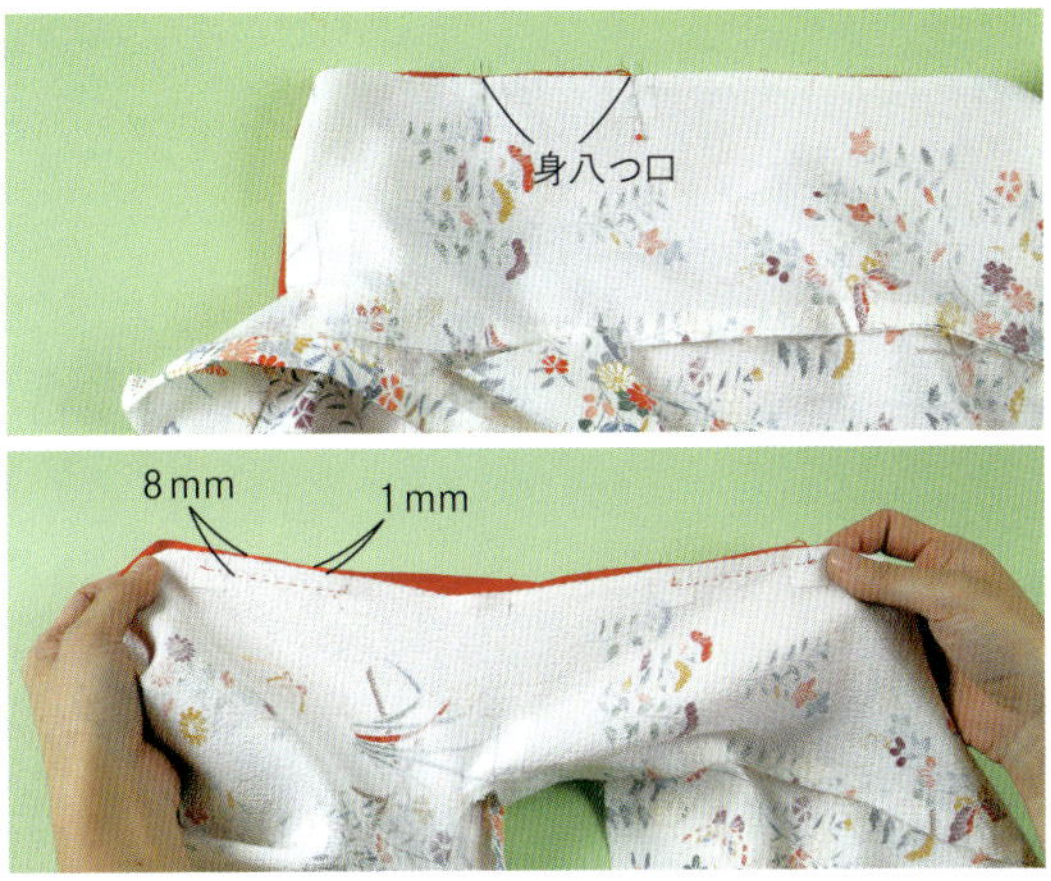

36 身八つ口を縫います。表布と裏布を中表に印を合わせ、まち針で留めます。縫い代は8mmですが、裏布は1mm出して留めます。糸は裏布と同じ色で、前の身八つ口、後ろの身八つ口の順に縫います。

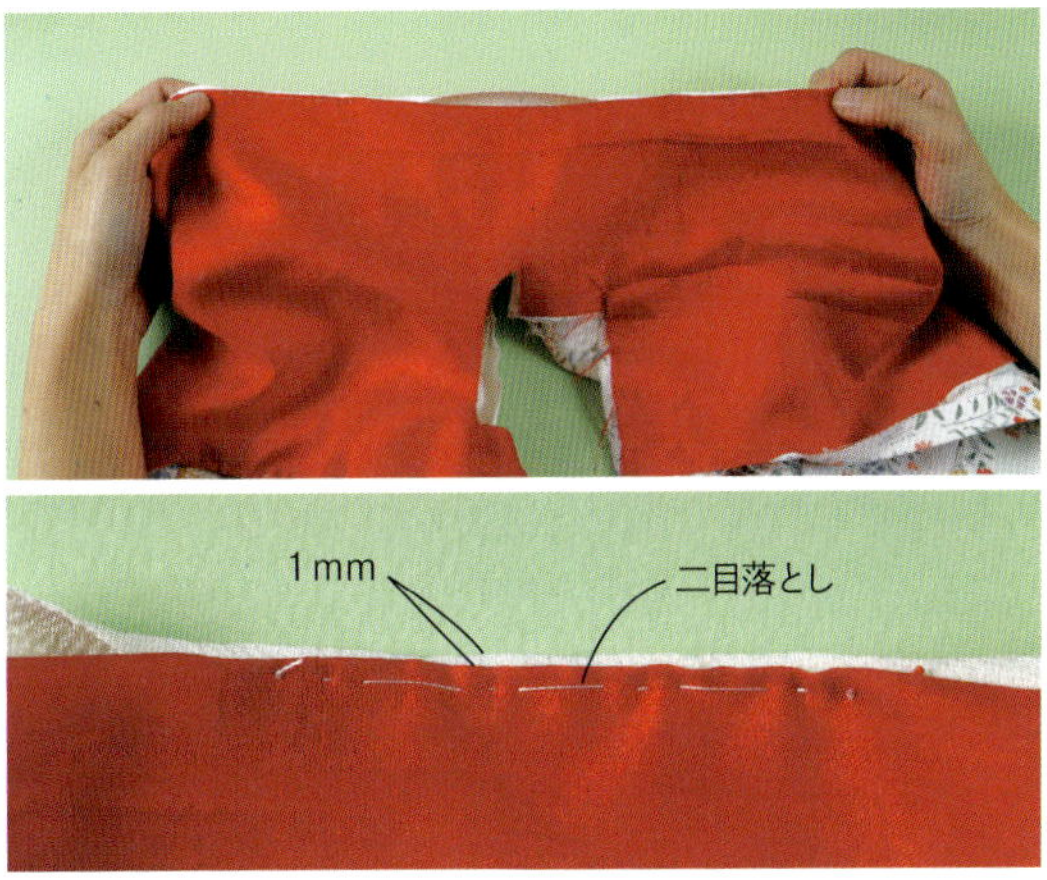

37 表に返して二目落としでしつけをかけます。このしつけははずさないしつけなので絹糸を使います。縫い合わせるときに裏布を1mm出しておいたので、表から裏布が見えなくなります。

38 身頃の形が出来ました。

39 袖を付けます。左右を間違えないように袖付け位置に袖を合わせます。袖のまち針を留めている方が前です。

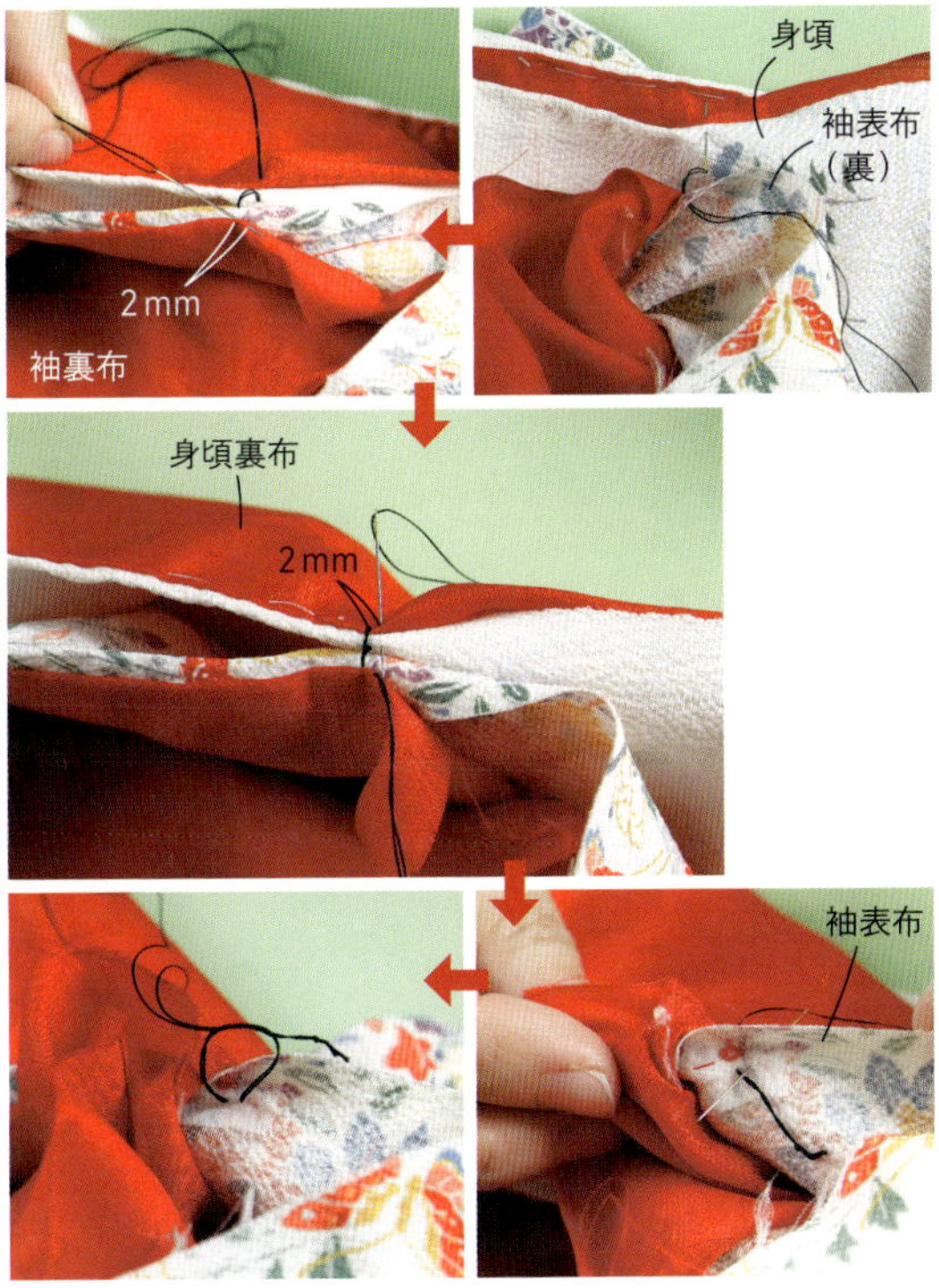

40 袖付けの最初（前袖）と最後（後ろ袖）にそれぞれとめ縫いをします。 最後、 最初の順でとめ縫いをし、続けて袖付けを縫います。写真は右側の袖です。袖表布の裏から針を入れ（袖付けの縫い目のきわ）、前身頃の袖付け位置を表布裏布一緒に1針すくいます。糸端は引ききらずに袖表布の裏に残しておきます。次に袖裏布を横に2mmほどすくいます（袖付けの縫い目のきわ）。 次に身頃の裏布側から針を入れて表布に出し、袖表布に針を入れて縫い始めの隣に針を出します。糸を引いてみて動いたら、正しくとめが出来ている証拠です。最初に残した糸と結びます。

41 左右の袖付けの端の2か所ずつをこのようにしてとめ縫いします。写真は分かりやすいように黒い糸を使っていますが、表布と同じ色の糸で縫います。

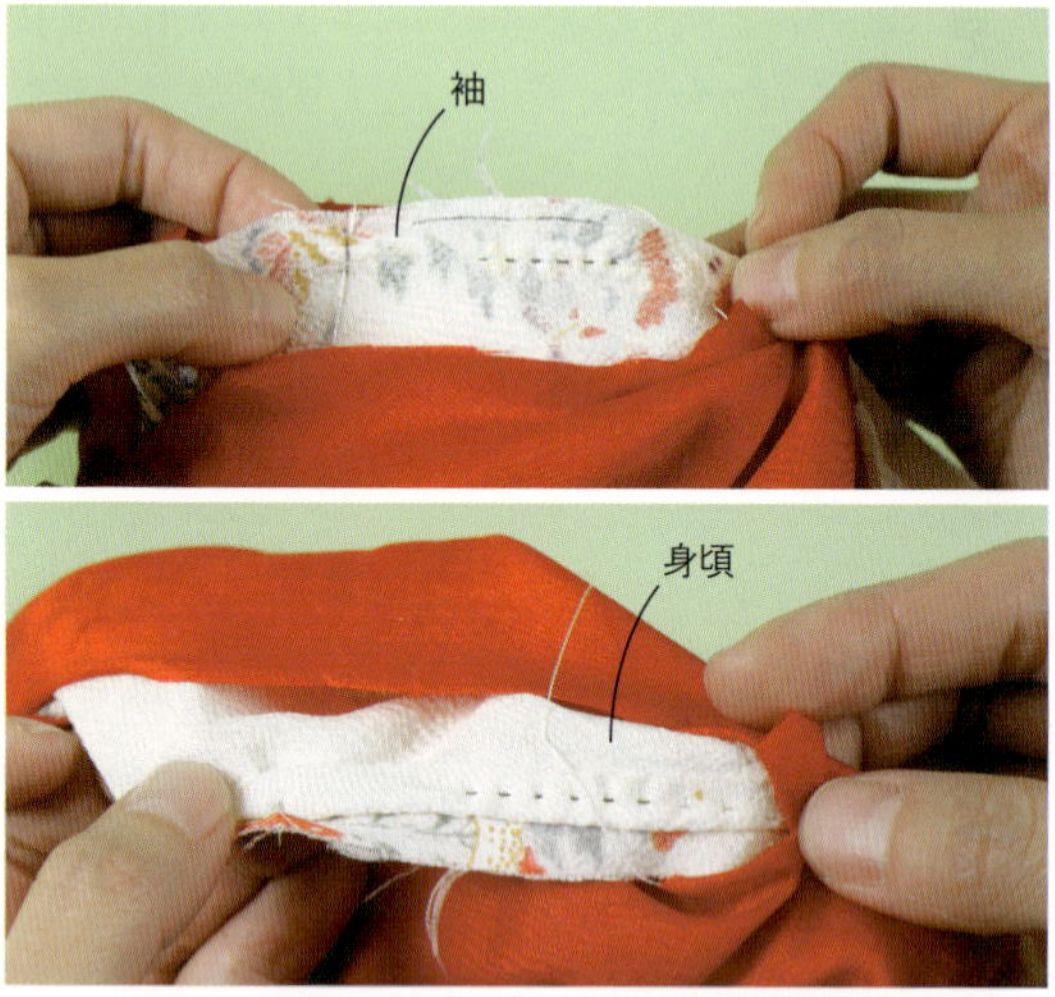

42 袖付けを縫います。まず身頃と袖の表布同士を中表に合わせて縫い合わせます。着物は身頃に袖がのるのが原則です。そのために身頃の縫い代を折り、袖を手前にして身頃の縫い代を折ったきわを縫います。

43 縫い代が身頃側に倒れないようにしつけをかけておきます。

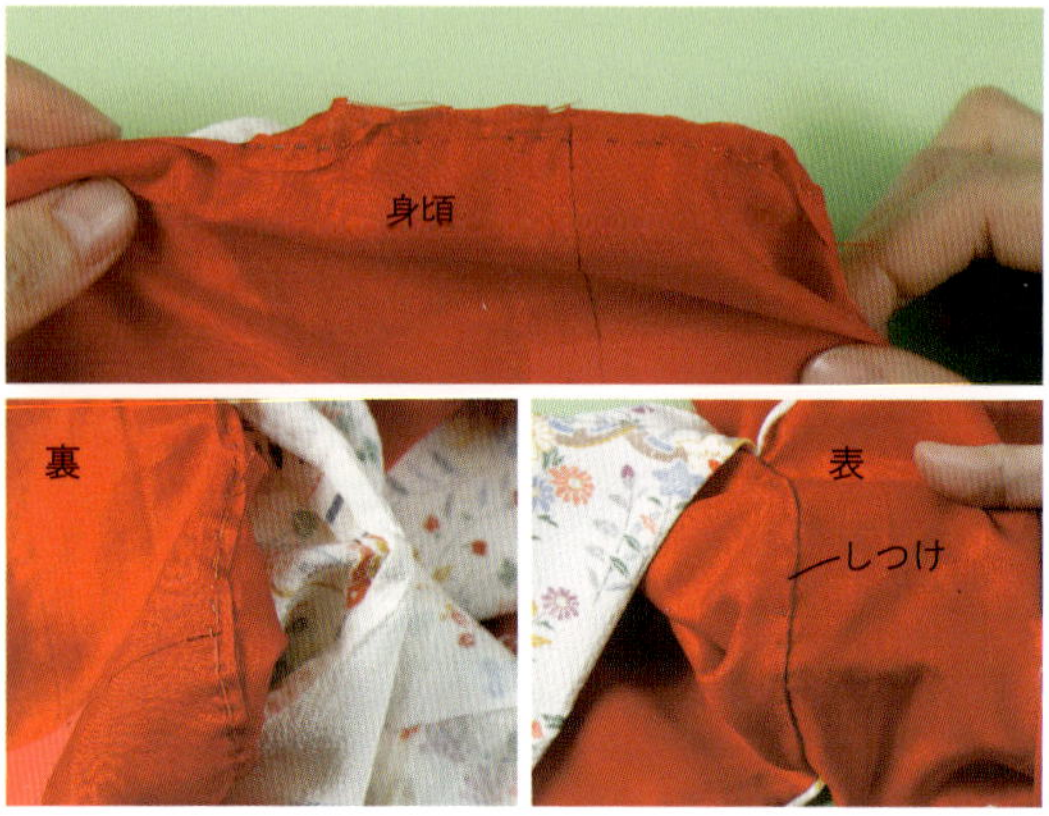

44 次に裏布同士を中表に合わせて縫い代5mmで縫います。表布がだぶつかないように、この縫い合わせで裏布を調整します。身頃を手前にし、身頃の縫い代を折って縫います。縫い代が少なくて折れない部分は平らのまま縫って袖側に縫い代を倒します。裏布と同じ色の糸で縫い代にしつけをかけておくと、袖付けが落ち着きます。

45
袖が付きました。

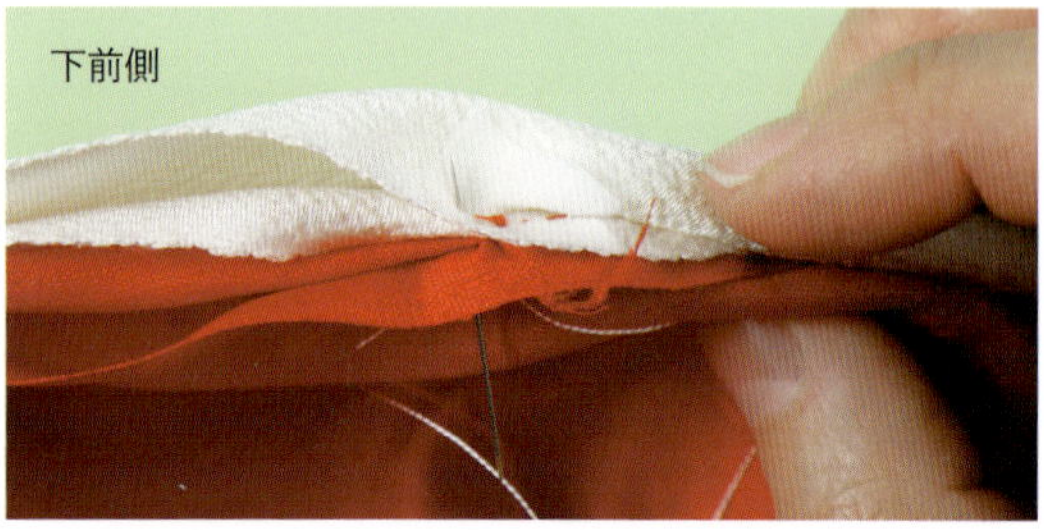

46 脇を縫う前に、袖付けとは反対側の身八つ口の端をとめ縫いします。10で袖口のとめ縫いをしたのと同じ要領です。身八つ口から裏布がのぞかないように注意を。上前側は前身頃表布の裏から針を入れ、後ろ身頃表布と裏布を一緒に1針すくい、前身頃裏布を1針すくって後ろ身頃裏布と表布に針を通して前身頃表布に裏に針を出して最初の糸と結びます。下前側は、前身頃裏布の裏から針を入れ、後ろ身頃裏布と表布を1針すくい、前身頃表布を1針すくって後ろ身頃表布と裏布に針を通して前身頃裏布の裏に針を出して最初の糸と結びます。

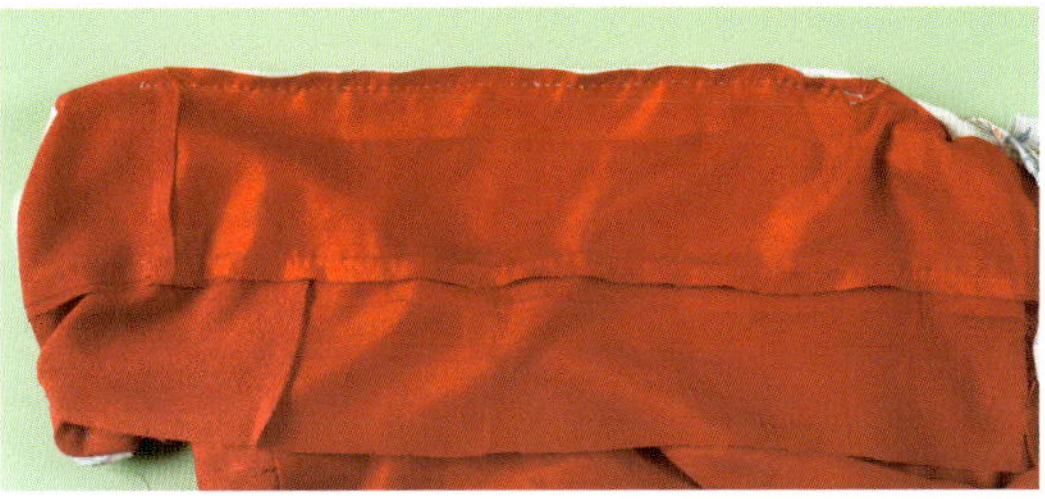

47 脇を四つ縫いします。ここも11で袖口下を縫ったときと同じ要領です。上前側は表布を手前に縫い、下前側は裏布を手前にして縫います。表布と同じ色の糸で裾回しまで縫います。厚みがあるので細かく縫わない方がきれいです。

48

おくみの中とじをします。おくみの表布と裏布を中表に印を合わせ、木綿の糸で縫い代の縫い目のきわをあらく縫い止めます。

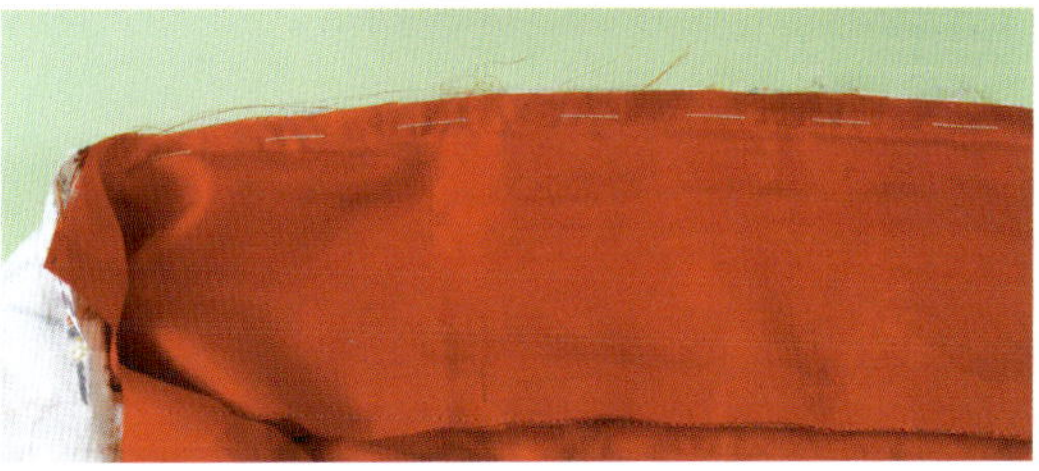

49

衿下を縫います。今は途中までしか縫っていないので（まち針から右側のあいている部分）、裏返して中表に合わせて衿付け止まりまで縫います。

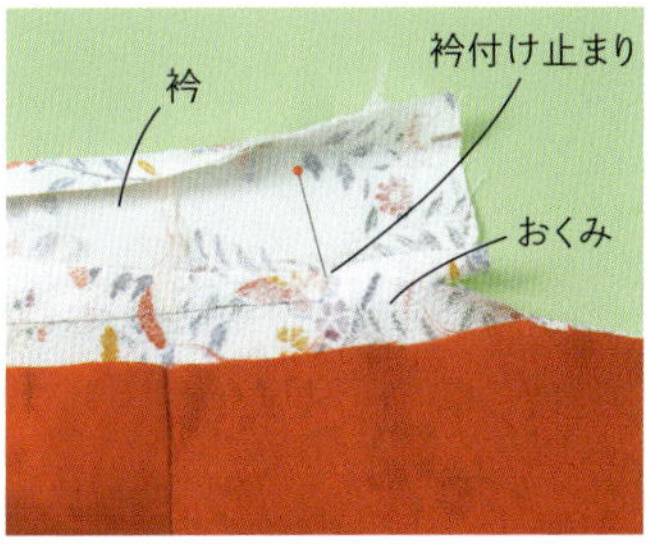

50 左右の衿下を合わせて、長さが合っているか確かめます。

51

衿下のとめ縫いをします。49で縫い終わった印で衿の裏から針を入れ、衿下の表布と裏布を1針すくい、再び衿の裏に針を出します。最初の糸端を残しておき、結びます。

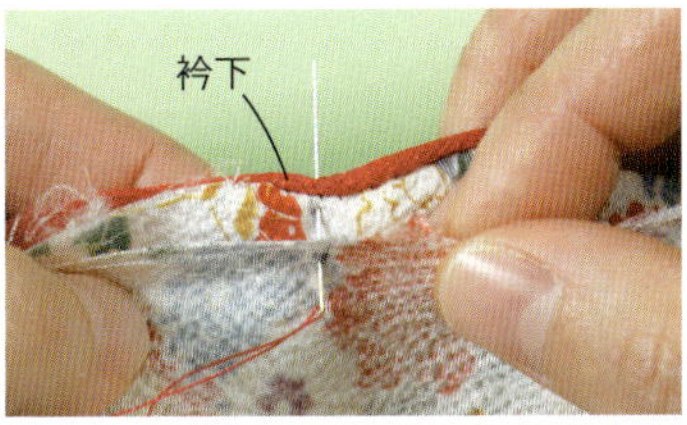

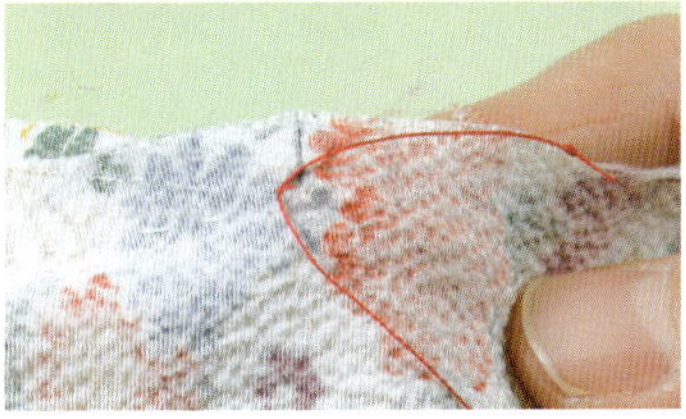

52 衿とじをします。中心とおくみ下がりの印をまち針で留め、ほかも等間隔でまち針で留めます。縫い目のきわの縫い代をぐるりと裏布側に小さな針目を出して一目落としで縫います。糸は胴裏と同じ色を使い、裾回し部分は裾回しの色の糸に変えて縫います。

53　身頃の余分な布を衿幅（2cm程度）で切り落とします。

54　衿を折り、裏布の縫い目に沿ってまち針で留めます。衿先から1.5cm先に印を付けておきます。

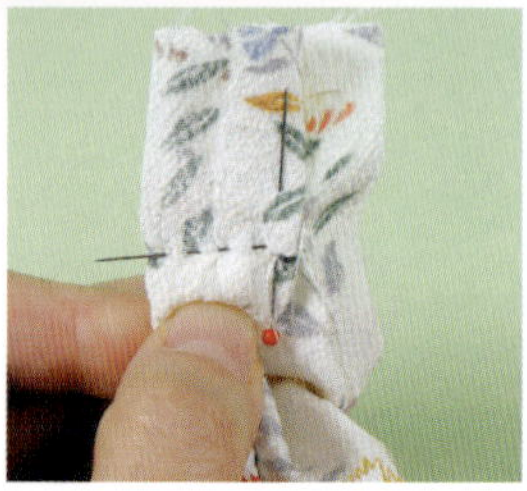

55

衿先から先を中表に合わせてまち針で留め、印の位置で横に縫います。衿の表側の縫い代は折ったままにし、裏側の縫い代はのばして縫います。

56

のばした側に衿先から折り、くるりと表に返します。

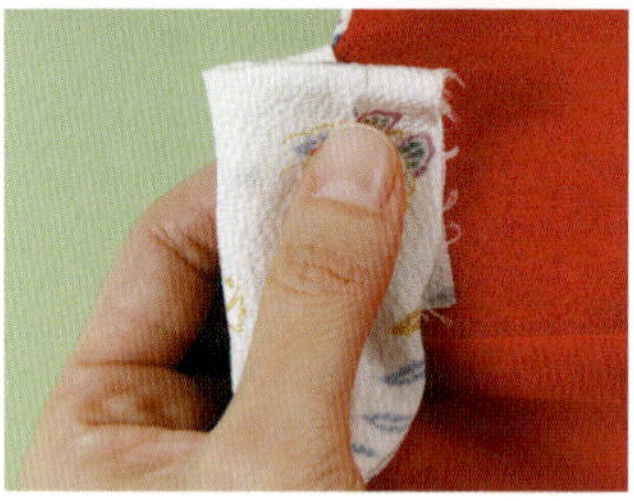

57　のばした縫い代を角を合わせてたたみ込み、まち針で留めます。衿先がきれいに出ました。もう片方の衿先も同様にくるんでたたみます。

58　衿を裏布に、衿とじの針目のきわにくけます。

61 腰あげをします。衿先から19cm上で縦の接ぎ目を合わせて折り、まち針で留めます。さらに折り山から8.5cm下をまち針で留め、その位置を表布と同じ色の糸2本取りで二目落としで縫います。縫うときは接ぎ目をまたぐようにします。おくみの幅は上と下では同じではないので、縫い目を合わせて広くなる下の方にひだを取って倒して縫います。

62 裏を付けた袷の着物が完成しました。下着は着物と長さが変わり、肩あげと腰あげをしませんが縫い方は同じです。下着も同じように縫ってみましょう。着物で腰あげをしない場合は、下着のサイズを長く変更してください。

59 裾とじをします。裏布と同じ色の糸を裾の幅の1.5倍の長さ用意し、こてを当ててよれないようにします。裾から1cmのところを表も裏も0.5mmほどの小さな針目で返し縫いします。接ぎ目の部分はまたぐように縫い、糸は引っぱらないようにします。裾のしつけをはずし、こてを当てて形を整えます。

60

肩あげをします。基本は背中心から袖付けまでの幅の半分の位置を折り山にしますが、衿側に近すぎるので袖付け側に少しずらした位置(15号では5mmずらす)を折り山にします。肩山を1cm、身八つ口の中心の位置を5mmつまんでまち針を留め、斜めになっている状態です。つまんだ部分を表布と同じ色の糸2本取りで、二目落としで縫います。人形に着せずに着物だけを飾る場合は、次の腰あげをせずにここで完成にしてもかまいません。

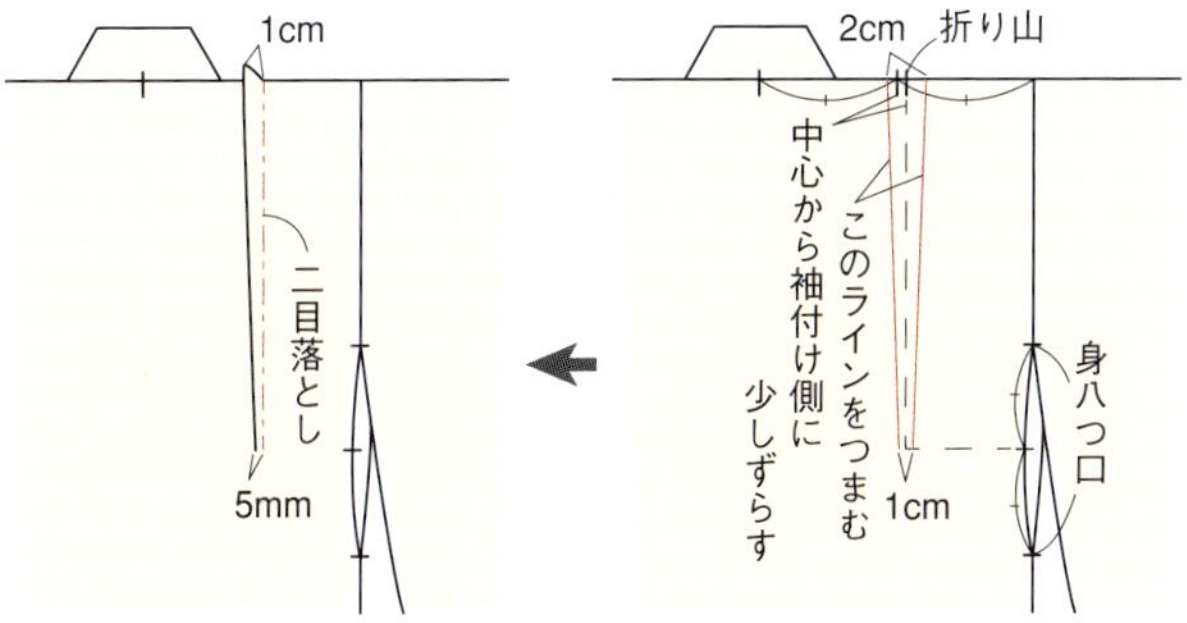

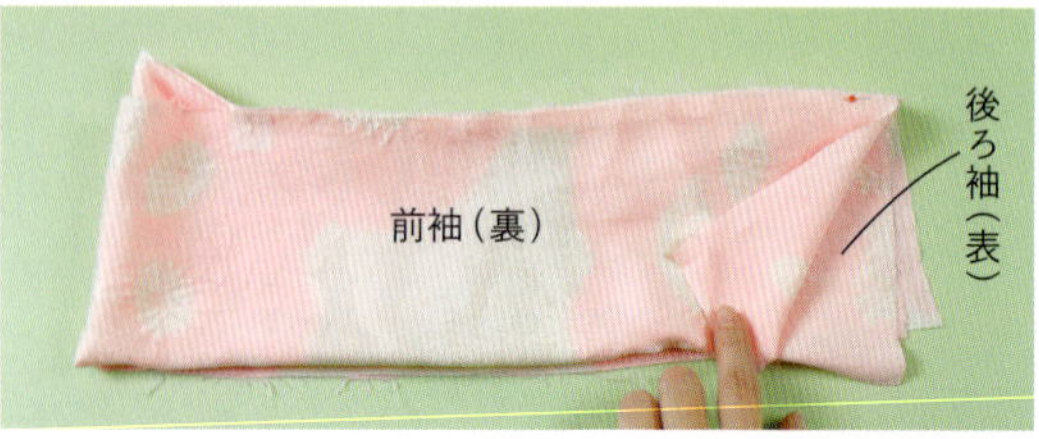

3

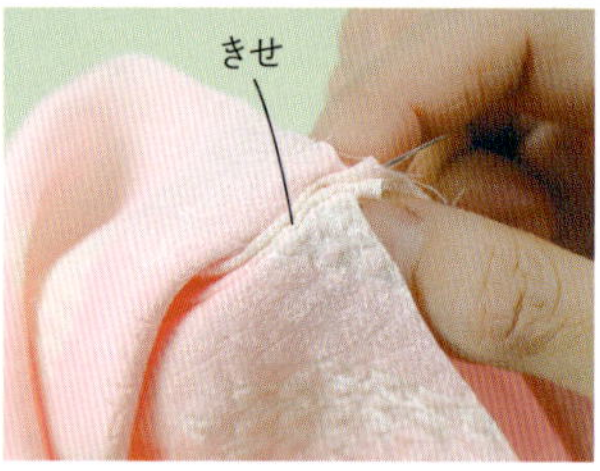

後ろ袖を内側に入れ込んで筒状にします。後ろ袖と前袖が筒状に中表に合わさっている状態です。布端を合わせ、きせの位置がぴったり合うように重ねて外側からまち針で留めます。

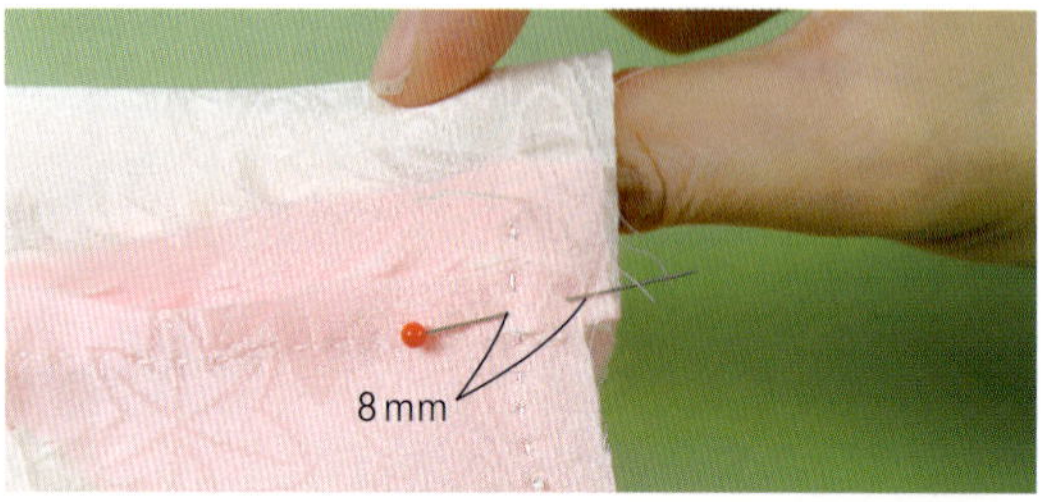

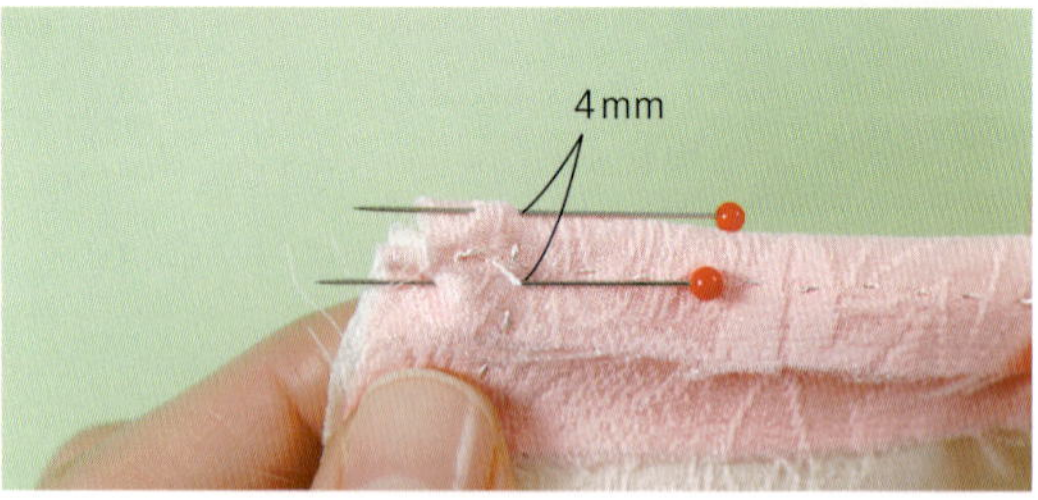

4 縫い代8mmの位置にきせが動かないように少ししつけをかけます。縫い目から4mmの位置にまち針を留めて折り山の位置を作り、このまち針を山にして折ります。折り山の下のまち針で縫い代、表布、裏布を一緒に留め直します。着物と同じ手順です。

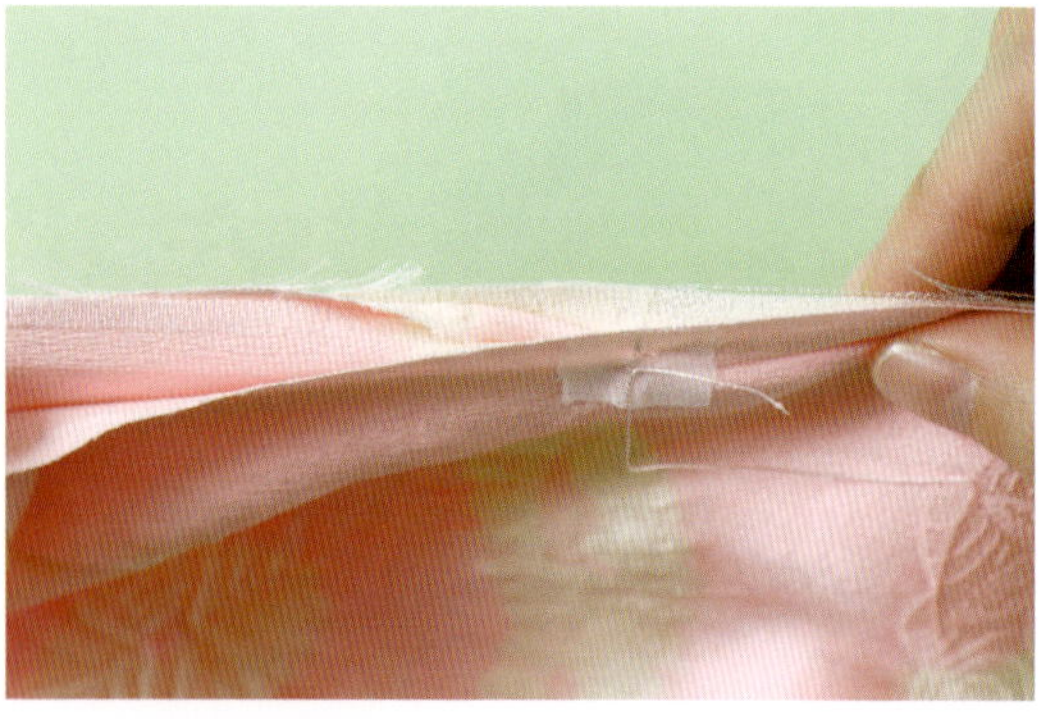

5 袖口のとめ縫いをし、とめ縫いから先の袖口下の4枚を四つ縫いします。82ページの着物の縫い方と同じです。

長じゅばん

着物と同じ縫い方も多いので参考にしてください。

袖を縫う

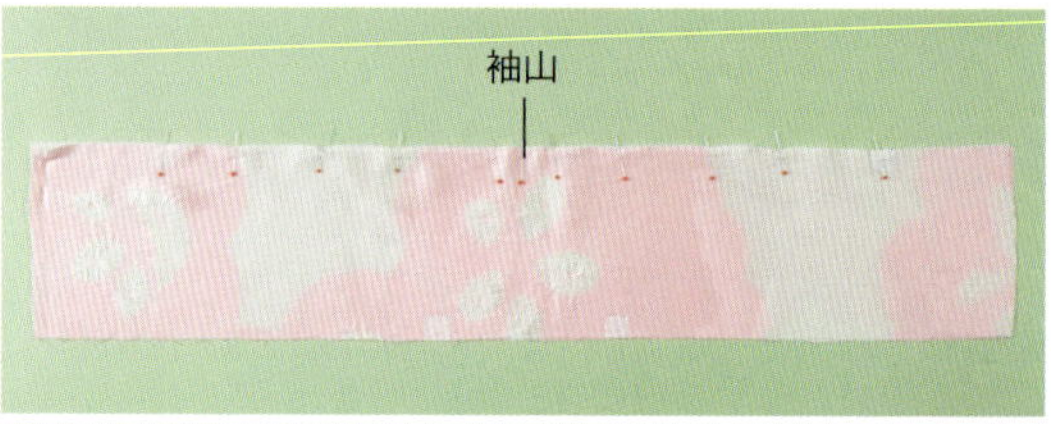

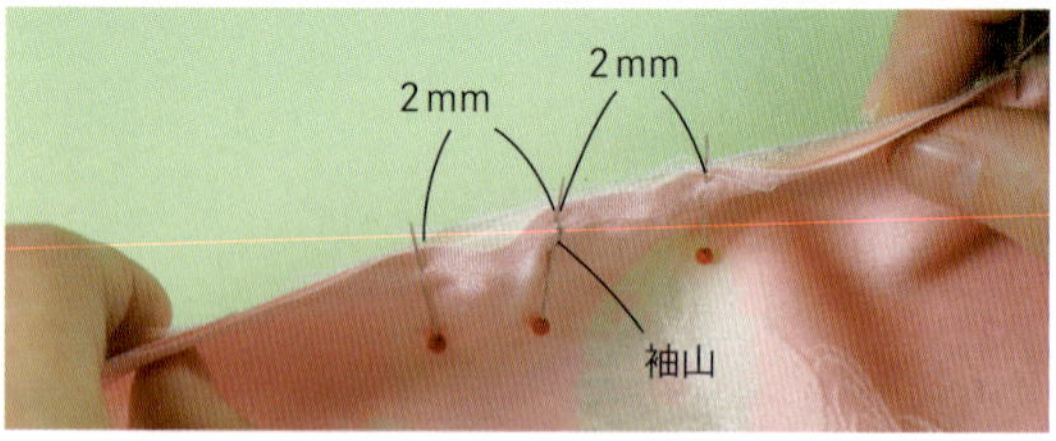

1 袖口を縫います。長じゅばんは着物よりも袖口が広くなっています。表布と裏布（ここでは同じ布で作っています）を中表に合わせ、中心の袖山から左右に2cmずつ表布にゆるみをもたせてまち針を留めます。表布と同じ色の糸で縫います。袖山から左右に2cmのまち針の位置で返し縫いをして、ゆるみが逃げないようにします。縫えたら縫い代を表布側に1mmきせをかけて倒してこてを当て、ひらいてさらにこてを当てます。

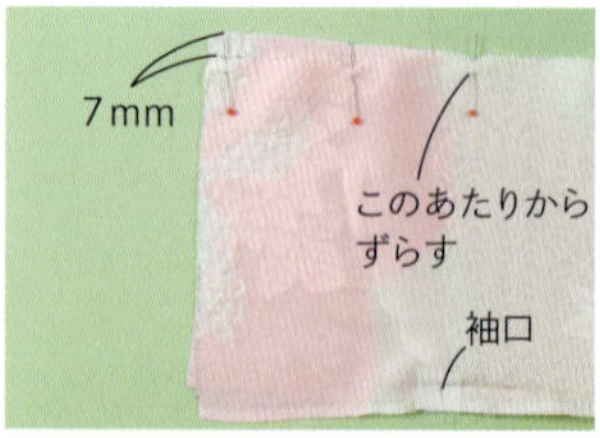

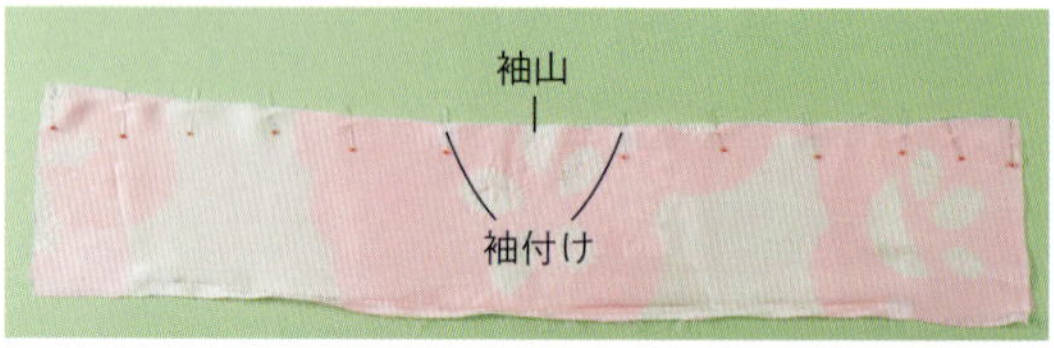

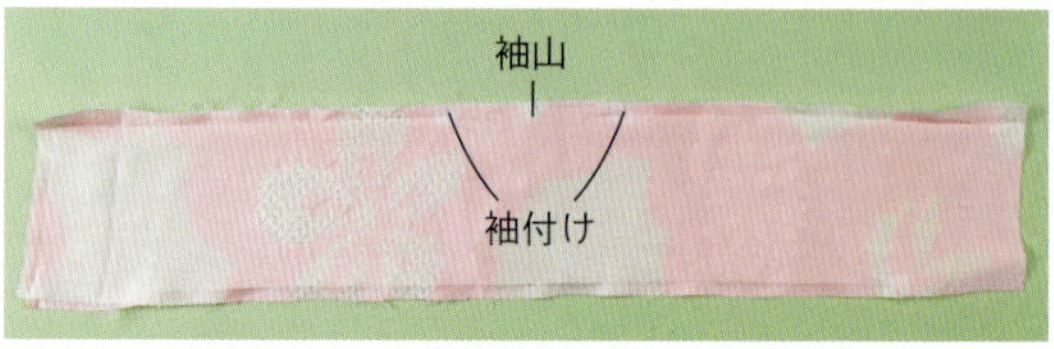

2 振り（袖付けから下の部分）を縫います。表布と裏布を中表に合わせてまち針で留めます。袖口の下の丸形の位置と同じあたりからずらして、縫い代を裏布が1.5cm、表布が8mmにし、裏布が7mm飛び出します。表布を少しゆるめて袖付けを残して、裏布と同じ色の糸で端まで縫います。裏布側に縫い代を倒してこてを当てます。

6

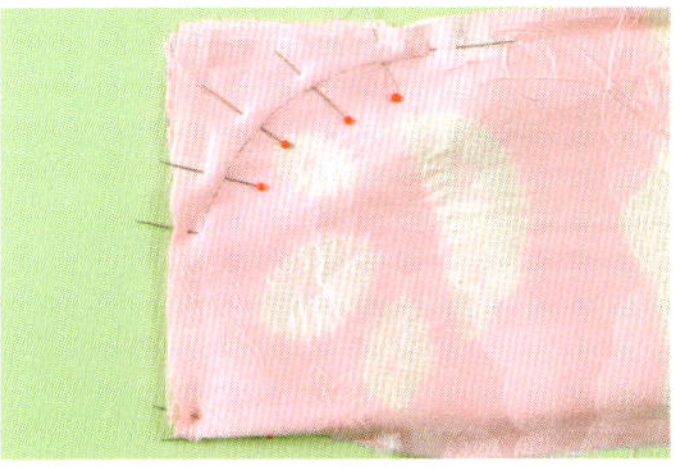

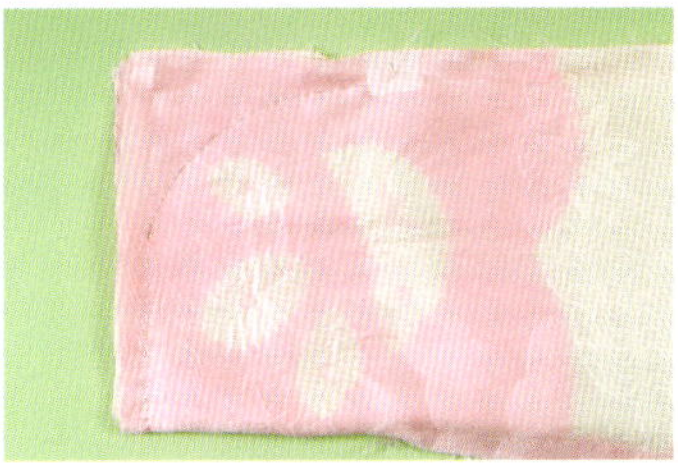

裾を袖丸み形で7cmのカーブの印を付け、まち針で留めます。4枚を揃えて縫います。ここも着物と同じです。

7

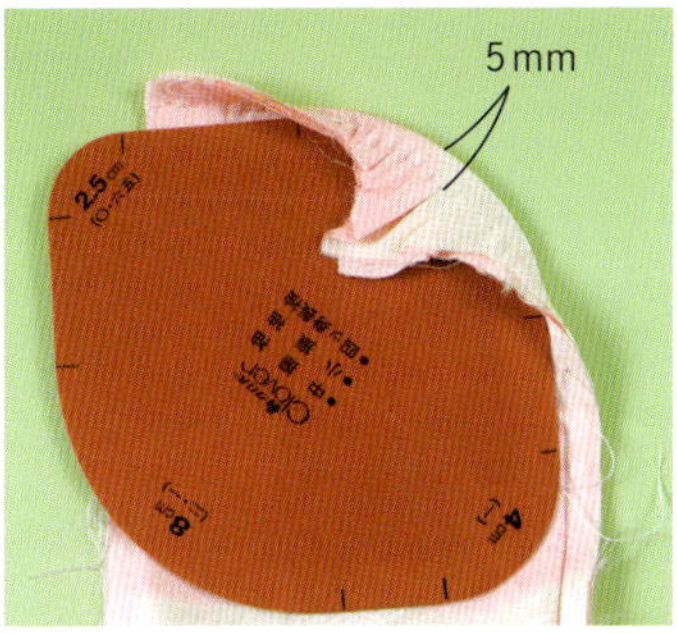

袖のカーブの縫い目の5mm外側を木綿の糸で返し縫いをせずにぐし縫いし、最後は糸を残しておきます。表布側に袖丸み形を合わせてぐし縫いを引き絞り、こてを当てて縫い代を表布側に倒します。しっかりと形作れたら糸を引き絞ったまま玉止めをします。

8 袖付けのあきから表に返し、こてを当てます。左右の袖が出来ました。左右の後ろと前を間違わないように、袖付けの前側にまち針を留めておきます。袖口はふきを2mm出して0.5mmくらいの針目を出すかくしとじをし、カーブに表から二目落としをします。

身頃を縫う

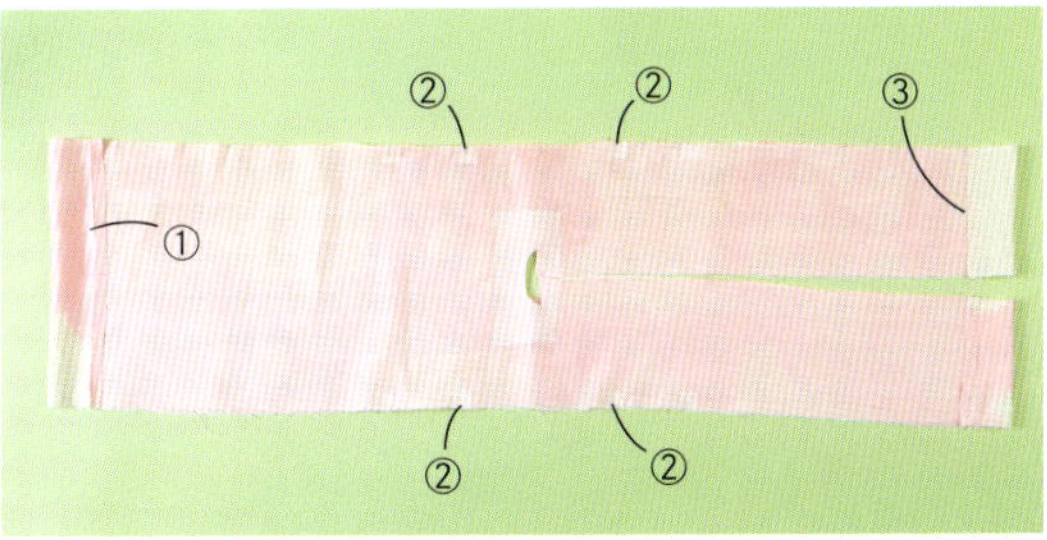

9 表布と裏布を中表に合わせ、①後ろ身頃の裾、②身八つ口、③前身頃の裾の順に縫います。身八つ口は裏のみを1mm出して縫います。こてを当て、縫い代を裏布側に倒します。

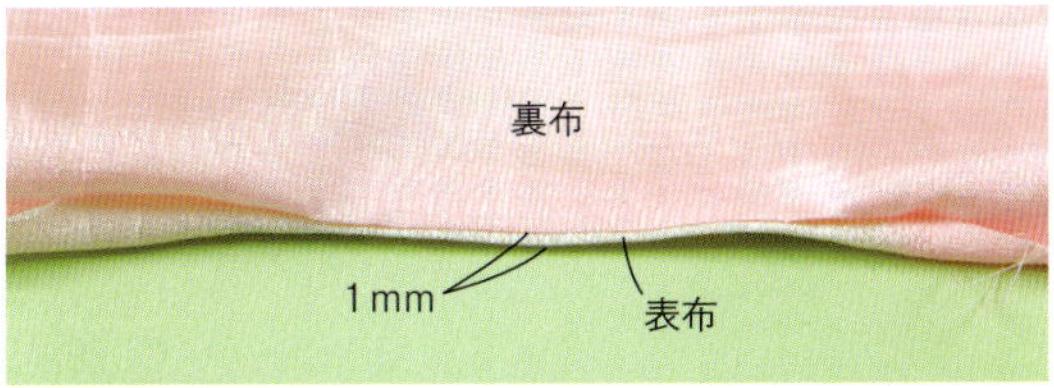

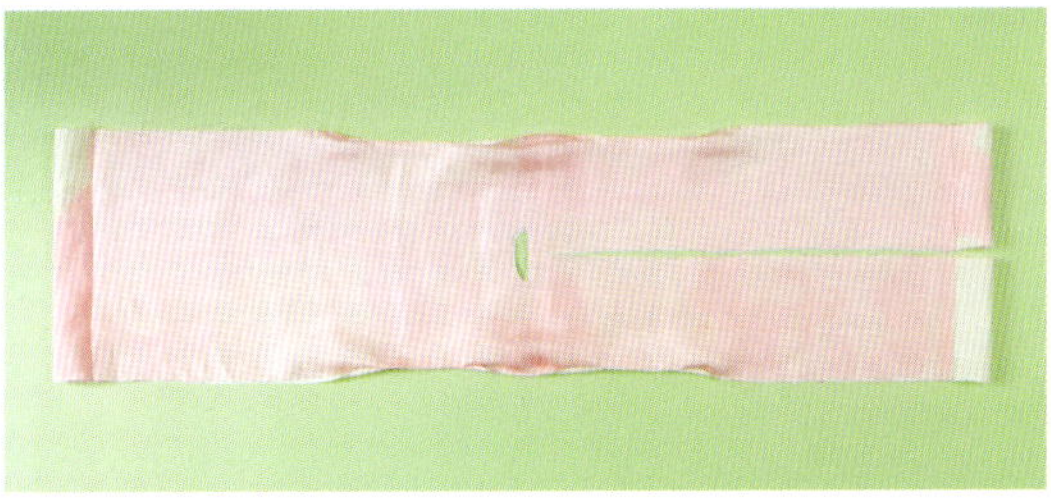

10 表に返して身八つ口にこてを当てます。裏布を1mm出して縫ったので、裏布側に表布が見えています。

11 身頃に袖を付けます。まず並べてみて間違いがないか確かめます。袖の付け方は着物と同じなので、87、88ページを参照してください。袖付けのとめ縫いをし、身頃と袖の表布同士を縫ってしつけをかけ、次に裏布同士を縫い代5mmで縫ってしつけをかけます。

12

身頃に袖が付きました。裏側から見るとこのように付いています。

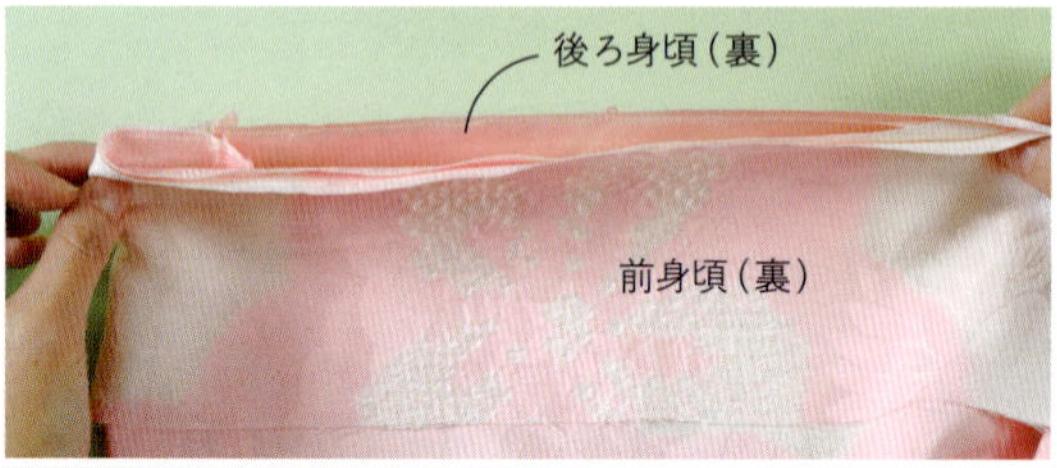

13 脇を縫います。着物と同じ縫い方ですが、裾の部分だけが違います。 前身頃の表布を裏返して前身頃で後ろ身頃をはさみます。中表に合わせ、縫い目を合わせます。着物と同様に身八つ口のとめ縫いをし、脇を裾まで四つ縫いします（88、89ページ参照）。

14 表に返します。着物の形になってきました。

15 表布と裏布の前を合わせてまち針で留め、立衿を付けるためのしつけをかけます。

16 立衿を付けます。立衿を身頃の立衿下がりの印よりも2cmほど上から中表に合わせてまち針で留めます。つり気味に縫うときれいに付けられます。縫えたら縫い代を立衿側に倒してこてを当て、反対側のくける方の縫い代を1cm折ってこてで押さえます。

17

衿先を着物と同様に（90ページ参照）縫います。衿先から1.5cm先に印を付け、中表に合わせてまち針で留めて印の位置で横に縫います。衿先を折り、くるりと表に返します。角は針で出すときれいになります。

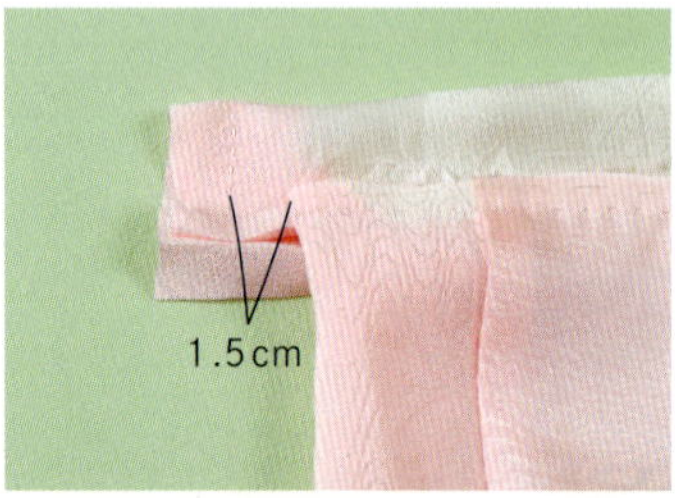

18

立衿を裏布にまち針で留め、針目のきわにくけます。表に針目が出ないように、ときどき確認しましょう。

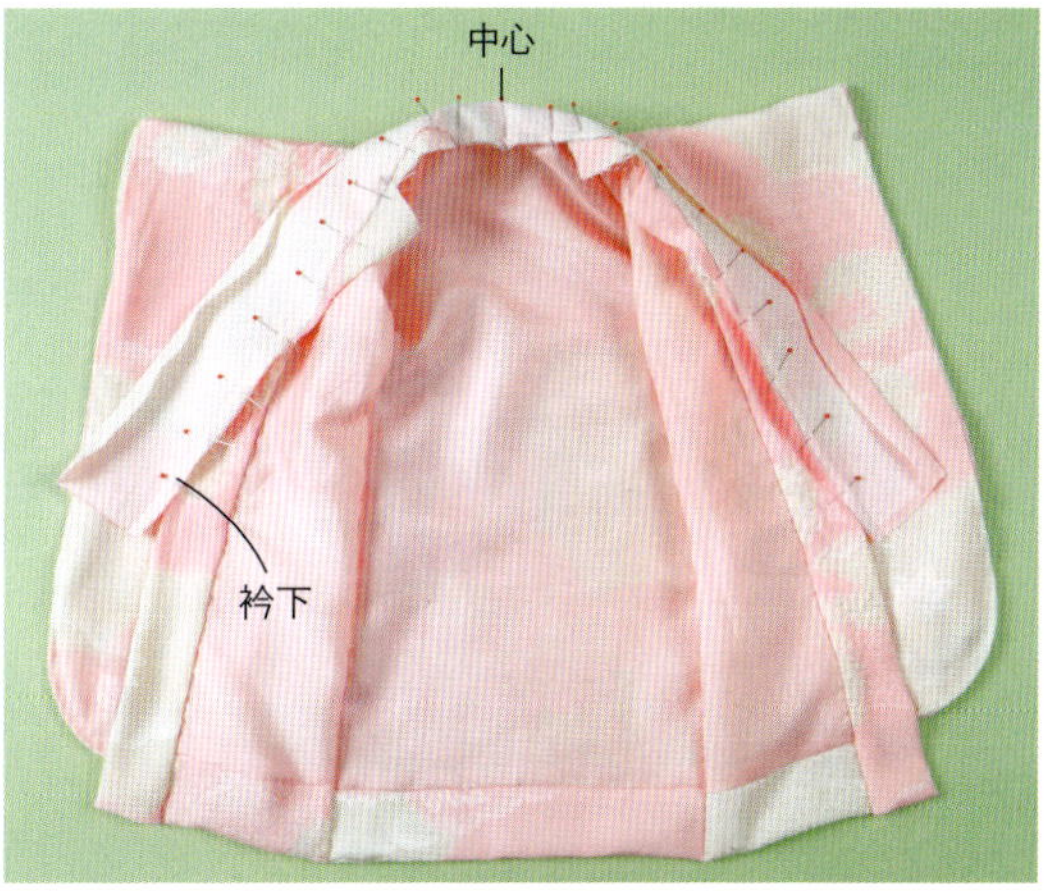

19

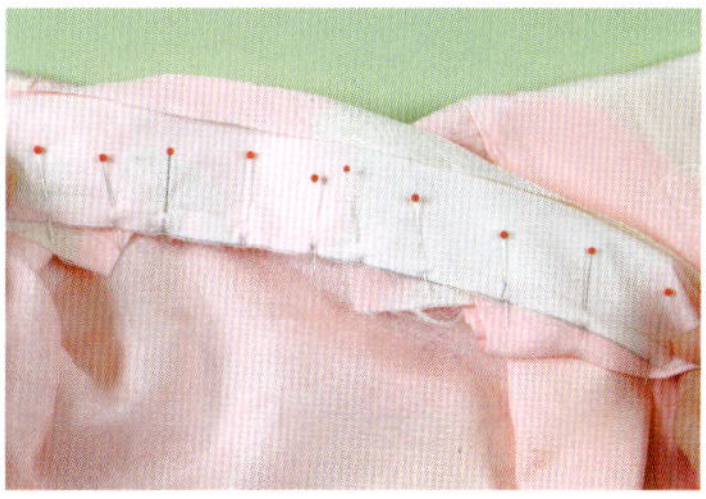

本衿を付けます。本衿は先に衿幅に縫い代を折っておきます。裏に接着芯をはっておくとしっかりします。中表に重ねて本衿と後ろ身頃の中心、立衿下がり、衿下（裾から18cm）を合わせます。立衿下がりまでは衿をゆるめに、その下は衿をつり気味にまち針で留めます。間は弓形に自然に合わせます。

20 衿下の衿付け止まりにとめ縫いします。上前、下前の順にとめ縫いをし、続けて衿付けを縫います。本衿の裏から針を入れて身頃を1針すくって本衿の裏に針を出します。糸は引ききらずに残しておきます。同じ位置をもう1針すくい、残しておいた糸と結びます。

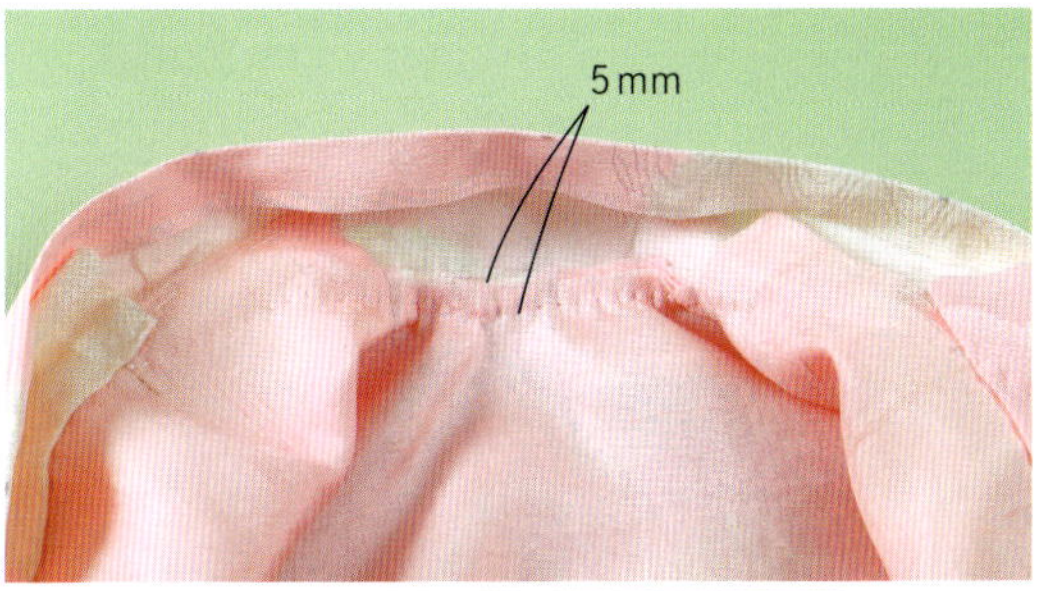

21 20のとめ縫いからぐるりと縫います。衿肩あき回りのみ、身頃側の縫い代は5mmで細かい針目で縫います。定規を当ててみると、まっすぐではなく自然なカーブになっているのが分かります。

22 身頃の余分な布をカットしておきます。衿先を立衿と同様に縫って作ります。

23 本衿を折り返してくるみ、立衿と身頃にまち針で留めてくけます。こてを当てて整えます。

24 半衿を付けます。幅7.5cm長さ40cmの布を用意します。人間用の半衿を使うときは、柄のいいところを選んで中心で細かく接ぎ合わせ、縫い代を割っておきます。短辺は縫い代を折って縫っておきます。長辺の縫い代分1cmを折って本衿のきわに中心を合わせてまち針で留めてくけます。半衿をつり気味に縫うときれいに付けられます。

25 もう片方の長辺の縫い代も折り、本衿をくるんできわにくけます。糸は半衿と同じ色の糸で縫います。半衿は、同系色か、着物の中の1色を選ぶとまとまります。あまり関係のない色だとごちゃごちゃとしてしまいます。

26 脇にこてを当てて整えれば完成です。通常、長じゅばんには袖口に糸飾りを付けます。以前お人形さんに着せるときに、指に糸が引っかかって指が折れてしまったことがあり、それ以来、長じゅばんには糸飾りを付けなくなりましたが、お好みで付けてください。

4　表に返して裏布をひかえてこてを当て、落ち着かせます。カーブにしつけをかけておいてもよいでしょう。裏布の下側を表布に合わせて余分をカットします。

まちを縫う

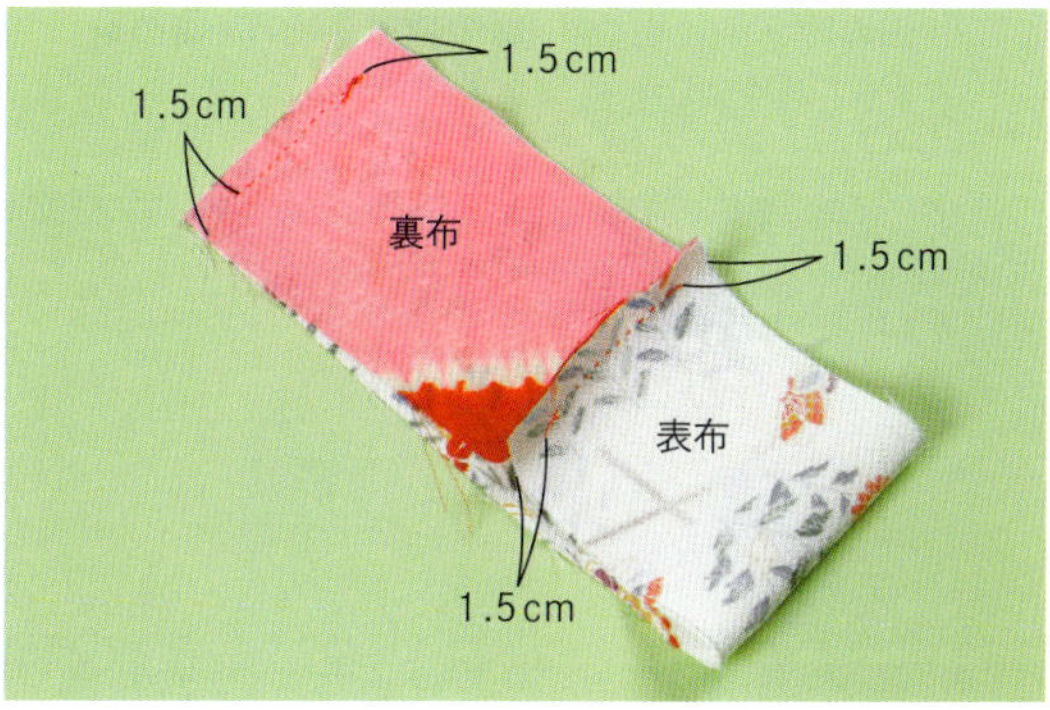

5　まちの表布と裏布を中表に合わせてわに縫います。両端は1.5cmずつ縫い残します。糸は裏布と同じ色を使います。縫い代は裏布側に倒します。

6
表に返して上側を、表から裏布が見えないように少しひかえておきます。上側を6cm測り、裾底側と合わせてななめの印を付けてカットします。裾底側の両端にこてを当てて折り目を付けるか、裏に印を付けて底の位置が分かるようにしておきます。

被布

小衿を縫う

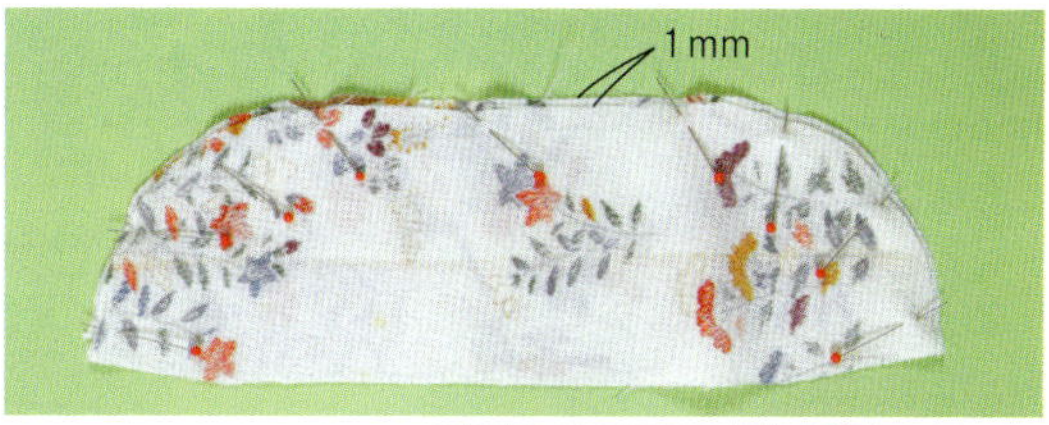

1
小衿のカーブを縫います。小衿2枚を中表に合わせ、裏になる小衿を1mm出して合わせます。縫い代は5mm、裏になる方は6mmです。下側がずれますがかまいません。

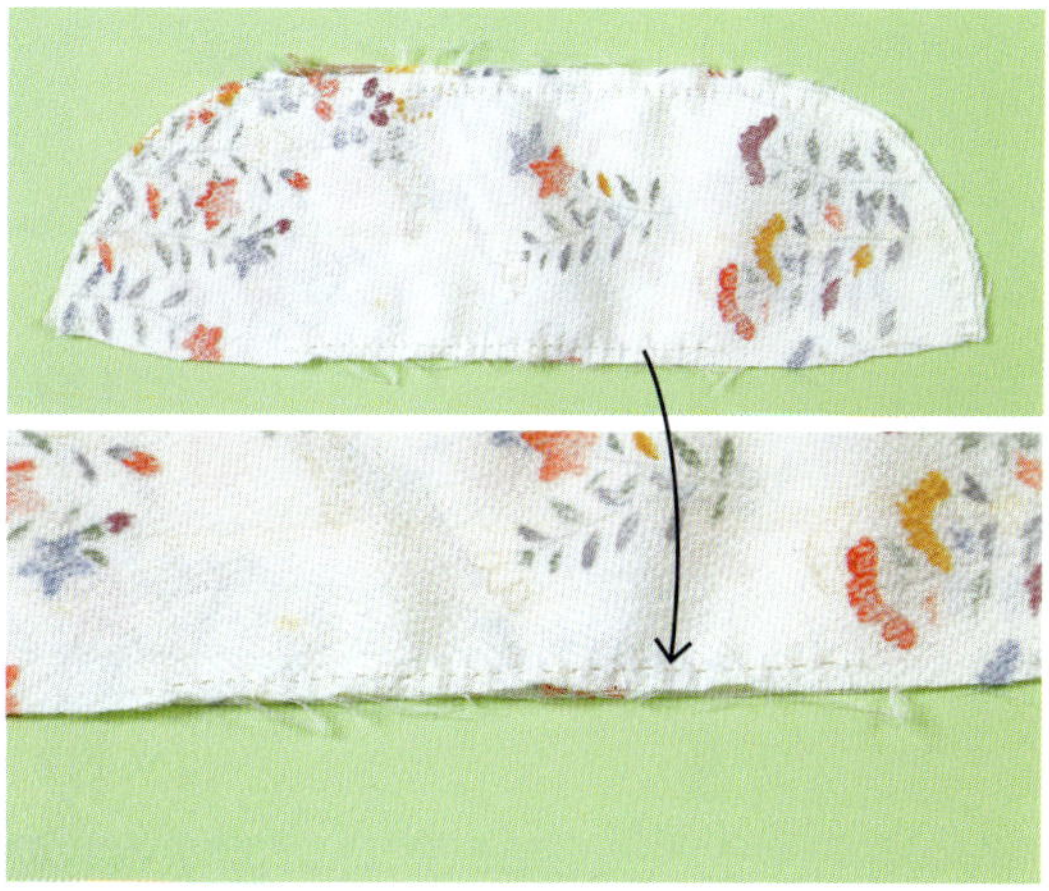

2　表の小衿の下側の直線部分（身頃に付ける側）がゆるんでいるので、表布のみを細かい針目で縫って少し引き絞っておきます。

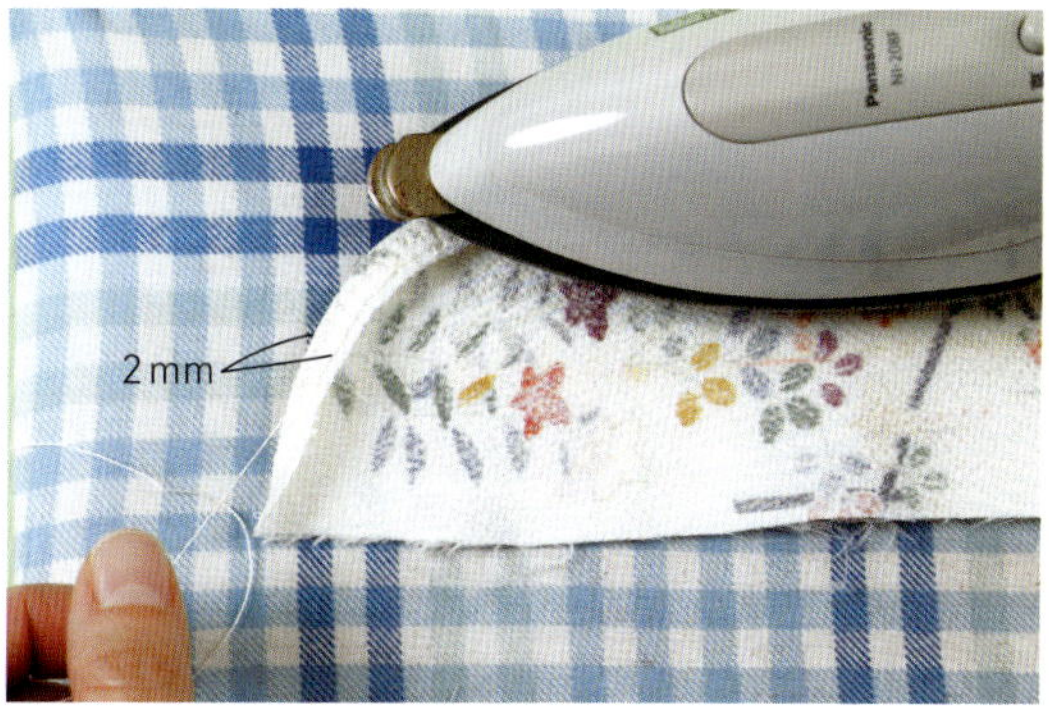

3　カーブの部分の縫い目から2mmほど外側の縫い代を、木綿の糸でぐし縫いしカーブに合わせて引き絞ります。縫い代を裏布側に倒し、こてを当てて形を整えます。

10

綿を入れるときに縫い代が戻らないように、身頃の方に倒してぐるりとしつけをかけます。しつけは後からはずします。もう片方のまちも同様に縫います。この時点で、17のように綿を入れてもかまいません。

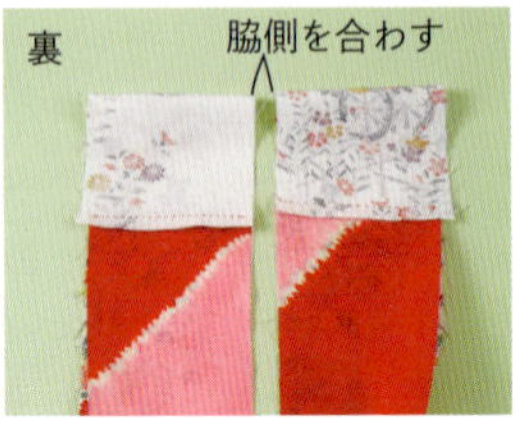

11

前身頃の表布と裏布を中表に合わせて裏布と同じ色の糸で縫い、縫い代を裏布側に倒します。幅が合わないときは脇側を合わせて縫い、内側の余分をカットします。

12

表布と裏布の肩山の位置を合わせてまち針を留め、前身頃の裾底に印を付けます。

身頃を縫う

7　身頃の表布と裏布を中表に後ろの裾を合わせて縫い代8mmで縫います。糸は裏布と同じ色の糸を使います。縫い代は裏布側に倒します。表布と裏布の肩山の印を合わせてまち針で留め、後ろ身頃の裾底にまちと同様に印を付けます。

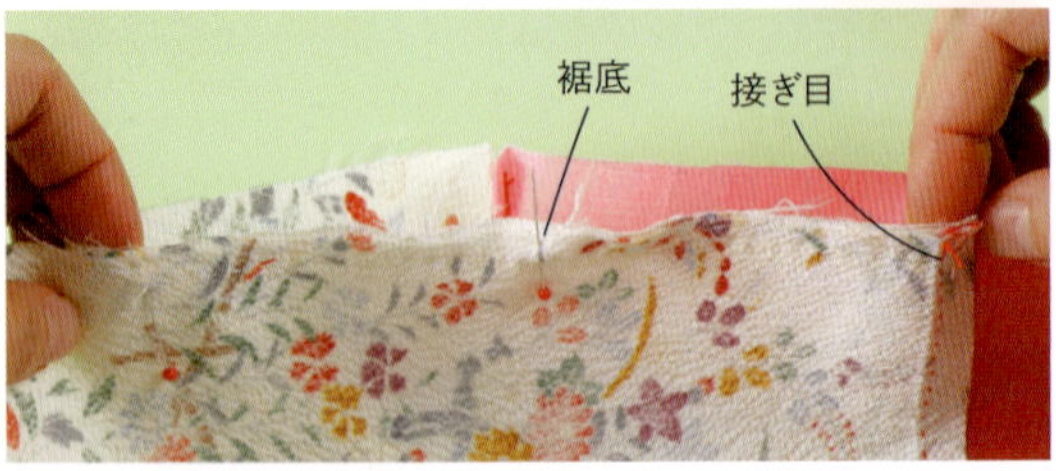

8　身頃表布の裾底とまちの裾底を中表に合わせてまち針で留めます。身頃の接ぎ目の位置と反対側の同じ位置にもまち針を留め、まち針からまち針までを縫います。糸は切らずにそのまま針を残しておきます。これで綿を入れるためのあきが出来ました。

9　裾底から折ってまちを身頃の間にはさんだ状態で合わせ、まち針で留めます。8で残しておいた針で、そのまま続けて身頃の表布と裏布、まちの表布と裏布を四つ縫いします。まちの端で縫い止めずに2回返し縫いをしてから5cm程上まで縫っておきます。

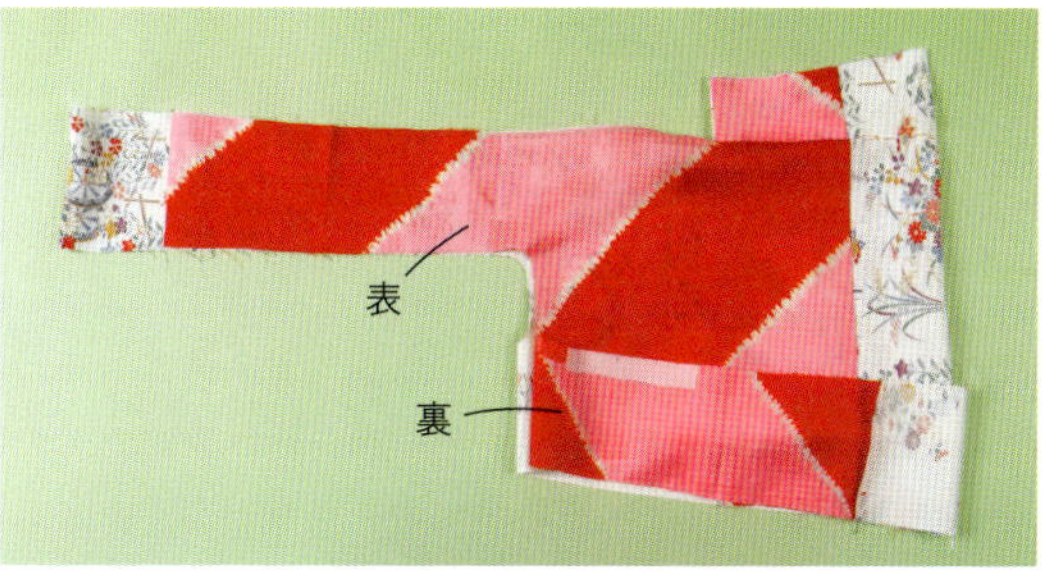

13 前身頃をひらいて折り返し、まちに中表に脇を合わせてはさみます。8と同様に裾底、接ぎ目とその反対側の位置を合わせてまち針で留め、まち針からまち針までを縫います。糸は切らずに、そのまま針を残します。

14 9と同様に裾底から折って合わせ、まち針で留めます。13で残しておいた針で、そのまま続けて身頃の表布と裏布、まちの表布と裏布を四つ縫いします。まちから上は前身頃の表布と裏布、さらに肩山から内側に入っている後ろ身頃の表布と裏布を引き出して中表に合わせてぐるりとまち針で留めます。

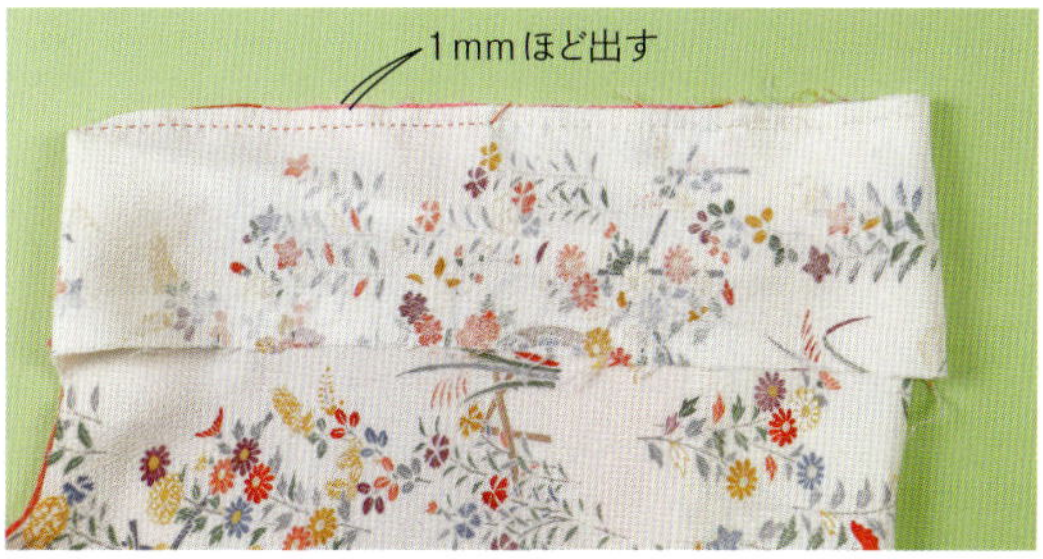

15 まちの部分は表布と同じ色の糸、その先の身頃は裏布と同じ色の糸で縫います。まちから先の身頃は、裏布の縫い代を1mm程多く出します。9の縫い止まりまでぐるりと後ろ身頃を引っぱり出しながら縫います。

16 もう片方も同様に縫い、表に返してこてを当てて整えます。15で裏布の縫い代を多くとったので、脇の裏布が内側に入っています。

17 裾に綿を入れます。綿を幅7cm長さ97cm（後ろ身頃の幅+前身頃の幅2枚分+まちの幅2枚分+立衿の幅2枚分）ほど手でちぎり、4つに折って衿肩あきから中に入れます。綿と裾の中心を合わせて左右に広げます。綿を余裕をもたせてゆるく入れると、裾の下まできれいに入ります。

18 綿をしつけで仮留めします。

19 小衿を付けます。身頃は表布のみを縫います。衿と後ろ身頃の中心、小衿止まりを合わせてまち針で留め、5mmの縫い代で小衿をゆるませながら縫います。

20 身頃の裏布の縫い代に細かく切り込みを入れ、小衿と身頃裏布の中心を合わせて縫い代を折り込んでまち針で留めます。立衿下がりの印の下までくけます。

21
立衿下がりの下、前立てに裾までしつけをかけます。

22
小衿から3cm下の立衿下がりの位置から、立衿を中表に合わせてまち針で留めます。下まで綿も一緒に縫い代8mmで縫います。

23 反対側の端を縫い代8mmで折り、立衿分の綿は残して余分な綿を取ります。上下の立衿先を着物同様に中表に合わせて縫います(90ページ参照)。

24 表に返して綿をくるみ、**22**の縫い目に合わせてまち針で留め、縫い目のきわにくけます。

25 もう1枚の立衿を付けるときに、衿先を折ってくける前に左右の長さが合っているか確認します。長さが違う場合は、衿先の折りで調整します。

26 裾にぐるりと裾とじ（91ページ参照）をします。18でかけたしつけをはずします。

26 肩あげをします。肩あげのしかたは着物と同じです（91ページ参照）。

28 飾りひもを4か所に縫い付けて、裏にスナップボタンを付けます。

29 被布の完成です。

着物の寸法表

72ページからの布の裁ち方と着物の縫い方は15号で解説しましたが、ほかの号数の着物でも基本は同じです。以下の表と巻末の実物大型紙を参考にして、お好みの号数の着物を作ってください。着物、下着、長じゅばんは10サイズ、被布は5サイズです。巻末のとじ込み付録におくみの衿付けカーブと衿肩あき、被布の小衿と衿肩あきを掲載しています。

寸法はすべて縫い代込みの裁ち切りです。縫い代は、ミニと2号以外は8㎜です。部分的に縫い代の幅が違うところがあるので79ページを確認してください。

単位：cm

12号 (39cm)	13号 (43cm)	15号 (47cm)	18号 (54cm)	人形の大きさ (着物の大きさ) ／ 各部	
66	70	80	90	丈	袖(裏布は表と同寸)
15	16	17	20	幅	
6.5	7	7.5	8	袖付け	
表 6.7 裏 6.5	表 7.2 裏 7	表 7.2 裏 7	表 7.7 裏 7.5	袖口	
6	6	7	8	袖の丸み	
18 × 5	20 × 5.5	20 × 6	22 × 6.5	袖口布	
106	114	128	140	丈	身頃
19	22	24	26	後ろ身頃幅	
9.5	11	12	13	前身頃幅	
2.5	3	3	3	衿肩あき	
1	1.3	1.5	2	繰り越し	
6.5	7	7	8	おくみ下がり	
5.5	6	6.5	7	身八つ口	
82	92	98	110	胴裏丈	
16 × 18.5	16 × 21.5	20 × 23.5	20 × 25.5	後ろ(丈×幅)	裾回し
16 × 9.25	16 × 10.75	20 × 11.75	20 × 12.75	前(丈×幅)	
20 × 8.5	22 × 10	24 × 11	25 × 12	おくみ(丈×幅)	
48.5	52	59	64	丈	おくみ
8.5	10	11	12	幅	
32.5	35	40	44	胴裏丈	
12	14	15	17	衿下	
100 × 6.5	106 × 7	116 × 7.5	128 × 8	丈×幅	衿
2.2	2.3	2.5	2.7	仕上がり幅	
1	1.5	1.5	1.5	裾のふき	
14	14	17	16	深さ	腰あげ
2	2	2	3	折り山から衿先まで	
58 × 14	60 × 16	70 × 16	100 × 18	丈×幅	ひも
6	7	7	8	仕上がり幅	

着物

各部		人形の大きさ（着物の大きさ） ミニ（13cm）	2号（15cm）	4号（18cm）	6号（25cm）	8号（28cm）	10号（34cm）
袖（裏布は表と同寸）	丈	22	26	30	42	50	58
	幅	6.5	8	9	10	12	14
	袖付け	3	3	3.5	4.5	5	6
	袖口	表 3.2 裏 3	表 3.2 裏 3	表 3.7 裏 3.5	表 4.7 裏 4.5	表 5.2 裏 5	表 6.2 裏 6
	袖の丸み	2	3	3	4	4	6
	袖口布	9 × 2.5	9 × 3.5	10 × 3.5	13 × 4.5	16 × 4.5	18 × 5
身頃	丈	36	42	48	68	76	92
	後ろ身頃幅	8	9	10	14	15	17
	前身頃幅	4	4.5	5	7	7.5	8.5
	衿肩あき	1	1.2	1.4	1.8	1.8	2
	繰り越し	0.6	0.8	0.8	0.8	1	1
	おくみ下がり	2.5	3	3	4	5	6
	身八つ口	2.5	2.5	2.5	4	4.5	5
	胴裏丈	28	35	40	58	60	72
裾回し	後ろ（丈×幅）	7 × 7.5	7.5 × 8.5	8 × 9.5	9 × 13.5	12 × 14.5	14 × 16.5
	前（丈×幅）	7 × 3.75	7.5 × 4.25	8 × 4.75	9 × 6.75	12 × 7.25	14 × 8.25
	おくみ（丈×幅）	8 × 4	10 × 4	12 × 4.5	12 × 6	14 × 6.5	16 × 8
おくみ	丈	16.5	19.5	22	31.5	34.5	42
	幅	4	4	4.5	6	6.5	8
	胴裏丈	12	13.5	14	23.5	24.5	30
	衿下	3.5	5	5.5	7	8	10
衿	丈×幅	37 × 3.5	42 × 4	48 × 4.5	70 × 5	74 × 6	86 × 6.5
	仕上がり幅	1	1.2	1.3	1.5	1.8	2
裾のふき		0.8	1	1	1	1	1
腰あげ	深さ	5	6	6	9	10	12
	折り山から衿先まで	1	1.5	1.5	1.5	1.5	1.5
ひも	丈×幅	23 × 4.5	27 × 5	35 × 6	48 × 9	50 × 10	53 × 12
	仕上がり幅	1.5	1.75	2	3.5	4	5

※ミニサイズと2号の縫い代は縦5mm、横7mm。
※ミニサイズと2号にはひもを付ける。4、6号なども小さいためにひもがお勧め。ほかの号は好みでひもを付け、帯をする場合は不要。

単位：cm

12号 (37cm)	13号 (41cm)	15号 (45cm)	18号 (52cm)	人形の大きさ (下着の大きさ) 各部	
64.4	68.4	78.4	88.4	丈	袖(裏布は表と同寸)
14	15	16	18	幅	
6.5	7	7.5	8	袖付け	
表6.7 裏6.5	表7.2 裏7	表7.2 裏7	表7.7 裏7.5	袖口	
6	6	7	8	袖の丸み	
18×5	20×5.5	20×6	22×6.5	袖口布	
76	84	92	106	丈	身頃
17	20	22	24	後ろ身頃幅	
8.5	10	11	12	前身頃幅	
2	2.5	2.5	2.5	衿肩あき	
1	1.3	1.5	2	繰り越し	
6.5	7	7	8	おくみ下がり	
5.5	6	6.5	7	身八つ口	
52	62	62	76	胴裏丈	
16×16.5	16×19.5	20×21.5	20×23.5	後ろ(丈×幅)	裾回し
16×8.25	16×9.75	20×10.75	20×11.75	前(丈×幅)	
20×8.5	22×10	24×11	25×11	おくみ(丈×幅)	
33.5	37	41	47	丈	おくみ
8.5	10	11	11	幅	
17.5	20	22	27	胴裏丈	
12	14	15	17	衿下	
68×7	75×7	82×7.5	92×8	丈×幅	衿
2.3	2.3	2.5	2.7	仕上がり幅	
1	1.5	1.5	1.5	裾のふき	
1.5	1.5	2	2	深さ	裾脇縫い込み

下着

各部＼人形の大きさ（下着の大きさ）		4号（16cm）	6（23cm）	8号（26cm）	10号（32cm）
袖（裏布は表と同寸）	丈	28.4	40.4	48.4	56.4
	幅	8.5	9	11	13
	袖付け	3.5	4.5	5	6
	袖口	表 3.7 裏 3.5	表 4.7 裏 4.5	表 5.2 裏 5	表 6.2 裏 6
	袖の丸み	3	4	4	6
	袖口布	10 × 3.5	13 × 4.5	16 × 4.5	18 × 5
身頃	丈	34	48	54	66
	後ろ身頃幅	8	12	13	16
	前身頃幅	4	6	6.5	8
	衿肩あき	1.2	1.5	1.5	1.8
	繰り越し	0.8	0.8	1	1
	おくみ下がり	3	4	5	6
	身八つ口	2.5	4	4.5	5
	胴裏丈	26	38	42	46
裾回し	後ろ（丈×幅）	8 × 7.7	9 × 11.5	10 × 12.5	14 × 15.5
	前（丈×幅）	8 × 3.85	9 × 5.75	10 × 6.25	14 × 7.75
	おくみ（丈×幅）	11 × 4.5	13 × 6	13 × 6.5	17 × 8
おくみ	丈	15	21.5	23.5	29
	幅	4.5	6	6.5	8
	胴裏丈	7	12	14.5	16
	衿下	5.5	7	8	10
衿	丈×幅	34 × 4.5	46 × 5	52 × 6	62 × 6.5
	仕上がり幅	1.3	1.5	1.8	2
裾のふき		1	1	1	1
裾脇縫い込み	裾幅	なし	なし	1	1

※ミニサイズと2号は小さいので下着を付けない。

※衿の布がやわらかいときは、衿幅より5mmから1cm細くカットした接着芯を裏全面にはる。中心から衿肩あき+ゆるみ分2〜5mm、おくみ下がり+繰り越し、おくみの型紙の衿付けの寸法を測って印を付けておく。例えば15号の場合、衿の中心から3cm（肩あき2.5cm+ゆるみ分5mm）の位置に印、その印から8.5cm（おくみ下がり7cm+繰り越し1.5cm）の位置に印、さらにその印から、おくみの衿付けのカーブの線の長さ26cmに印を付けておく。

※裾脇縫い込みは、脇を縫い合わせるときに後ろ裾回しの長さに合わせる。裾回しの丈から、裾ふきの幅×2を引いた長さ。

単位：cm

10号 (31cm)	12号 (36cm)	13号 (40cm)	15号 (44cm)	18号 (51cm)	人形の大きさ (長じゅばんの大きさ) / 各部	
55	63	67	77	87	丈	袖（裏布は表と同寸）
12	13	14	15	17	幅	
5.5	6	6.5	7	7.5	袖付け	
20	21	24	28.5	30	袖口	
6	6	6	7	8	袖の丸み	
70	86	92	100	112	丈	身頃
17	19	20	24	24	後ろ身頃幅	
8.5	9.5	10	12	12	前身頃幅	
1.8	2	2.5	2.5	2.5	衿肩あき	
1	1	1.3	1.5	2	繰り越し	
4	5.5	5.5	6	6	立衿下がり	
5.5	6	6.5	7	7.5	身八つ口	
58	62	72	80	96	胴裏丈	
31 × 10	36 × 10	40 × 10	43 × 10	50 × 12	後ろ（丈×幅）	立衿
12	15	17	18	20		衿下
50 × 6.5	54 × 6.5	60 × 7	70 × 7.5	80 × 8	丈×幅	本衿
30 × 6.5	32 × 6.5	34 × 7	40 × 7.5	44 × 8	丈×幅	半衿（掛け衿）

被布

単位：cm

	人形の大きさ (被布の大きさ) / 各部	6号 (15cm)	8号 (20cm)	10号 (24cm)	12号 (29cm)	15号 (36cm)
身頃	丈	40	50	65	75	90
	後ろ身頃幅	15	16	19	20	26
	前身頃幅（表、裏）	表 6 裏 5.8	表 6.5 裏 6.3	表 8 裏 7.6	表 8.5 裏 8.1	表 11.5 裏 10.8
	衿肩あき	2	2.2	2.7	3	3.5
	繰り越し	1	1	1.5	2	2
	立衿下がり	6	6	7	8	9
	小衿止まり	4	4	4.5	5	6
	肩裏丈	24	34	37	45	58
立衿	丈×幅	12 × 9	16 × 10	20 × 12	24 × 13	30 × 16
まち	丈	15	20	21	25	29
	裏布丈	6	8	11	11	13
	幅（上、下）	上 3.5 下 4.5	上 4 下 5	上 4 下 5.5	上 4.5 下 6	上 6 下 8

長じゅばん

各部		人形の大きさ（長じゅばんの大きさ） ミニ（12cm）	2号（13cm）	4号（15cm）	6号（22cm）	8号（25cm）
袖（裏布は表と同寸）	丈	21	25	27	39	47
	幅	10（無双）	7	7.5	8	10
	袖付け	3	3	3	4	4.5
	袖口	袖丈分	8	10	13	18
	袖の丸み	なし	3	3	4	4
身頃	丈	32	32	36	52	60
	後ろ身頃幅	7	8	10	12	15
	前身頃幅	3.5	4	5	6	7.5
	衿肩あき	0.7	1	1.2	1.5	1.5
	繰り越し	0.6	0.8	0.8	0.8	1
	立衿下がり	2.5	3	3	3.5	4
	身八つ口	2.5	2.5	3	4.5	5
	胴裏丈	20	24	28	40	44
立衿	丈×幅	12×4.5	13×5	15×5	22×6	25×9
衿下		4	5	6	9	9
本衿	丈×幅	20×3.5	24×4	26×4.5	40×5	42×6
半衿（掛け衿）	丈×幅	10×3.5	16×4	20×4.5	24×5	26×6

※本衿と半衿の幅は、着物と下着の衿幅と同じ。
※ミニサイズのみ袖は無双仕立ての寸法。

着物はかぎりのある布です。欲しいだけ手に入り、好きな柄が使える訳ではありません。一期一会、着物を愛でながら使う心を大切にしたいと思います。特に古布の場合は、薄くてやわらかく、布も弱ってきています。そっとやさしく扱うことが大事です。

好きな着物でも、布の状態や柄によって足りなくなることがあります。下着や長じゅばんの身頃が足りないときは、後ろ身頃で接ぐとお人形さんに着せたときに見えません。着物で衿丈が足りない場合は、おくみの先から2〜4cm（サイズによる）下で接いでぞべ（飾りしつけ）をかけておくと掛け衿のように見えて目立ちません。下着は対丈《ついたけ》（腰あげをしない）のために、衿の不足分は下前で接ぎます。長じゅばんの本衿の不足は、半衿の中で接ぎます。

布をやりくりしてかわいい着物を作る、そういう工夫も必要で楽しいものです。

着物の活用

小さな布も使い切る

人間用の着物一枚で、お人形さんの着物が3枚作れるときもあれば、一枚しか作れないときもあります。着物の柄の入り方やどう使うかによって変わってくるからです。着物を作った後の残り布も大切に使う工夫をしましょう。小さな布も美しい作品へと生まれ変わります。

小さな飾りつい立てと押し絵。つい立ては柄とサイズのバランスを考えて、ちょうどいい柄があったときに作ります。押し絵ははぎれサイズで作れます。そのまま飾ってもかわいいですが、15号くらいの大きさの着物の背守りとしてもいかがですか。

六角形と五角形のモチーフをつなぎ合わせた小さなバッグです。ひもを引き絞って結べばきんちゃくにもなります。ころんとした丸い形が愛らしく、布を変えていくつも作りたくなります。

● 15×25cm

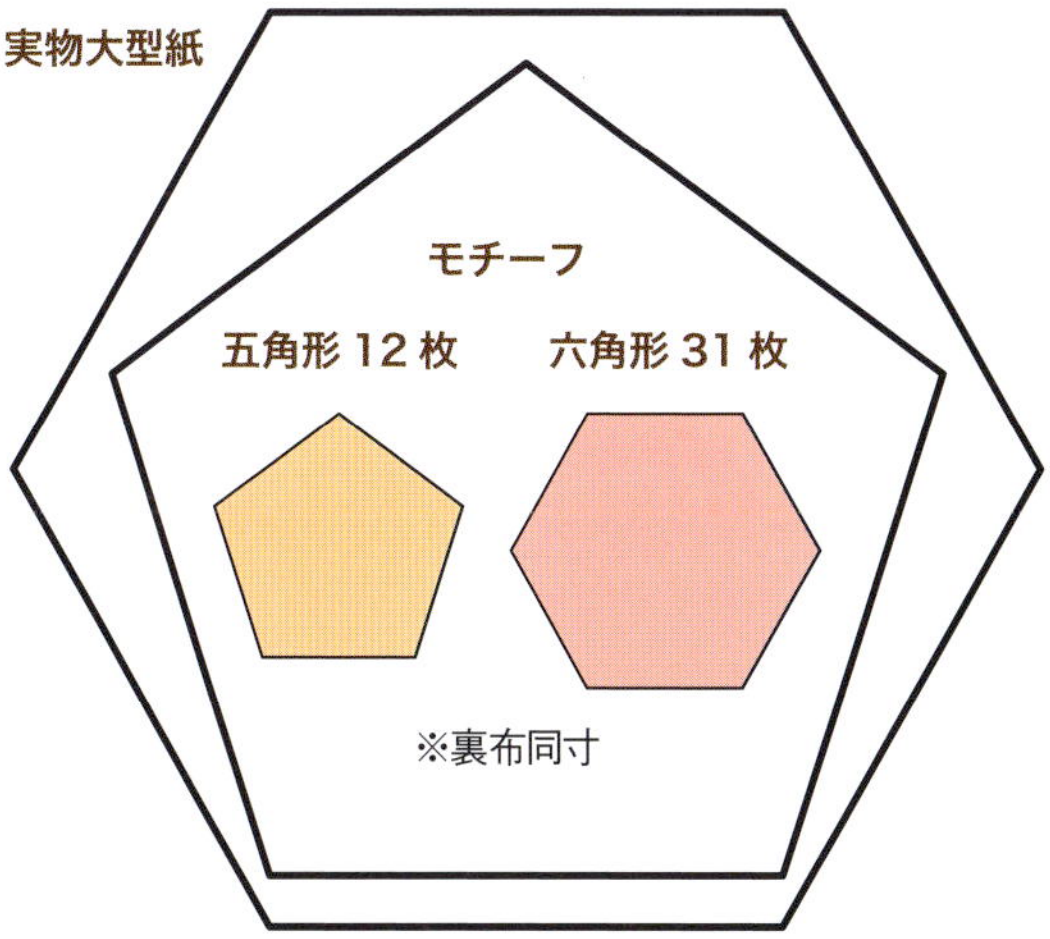

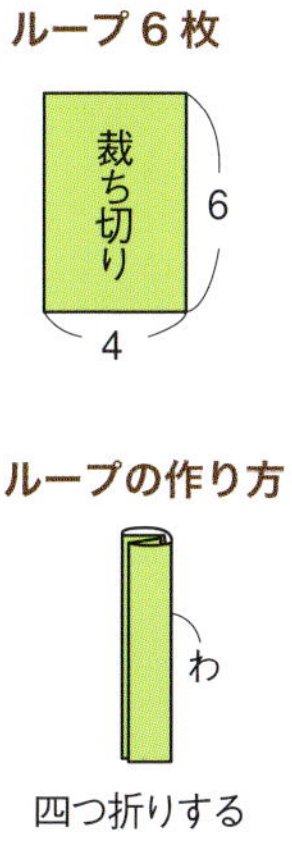

作り方

材料

モチーフ、ループ、ひも飾り用布各種　裏布、キルト綿各35×100cm　直径4mmひも1.2m

作り方

1. モチーフ用布と裏布を中表に合わせ、キルト綿を重ねて周囲を縫う。五角形の6枚にはループ通し口を残しておく。
2. 表に返して返し口をとじ、ループを差し込んでかがる。
3. ステッチ（キルティング）をする。
4. 六角形と五角形のモチーフを並べ、表同士、裏同士をかがって袋状にする。
5. ループにひもを通して結び、好みでひも飾りを付ける。

六角形と五角形のモチーフの作り方

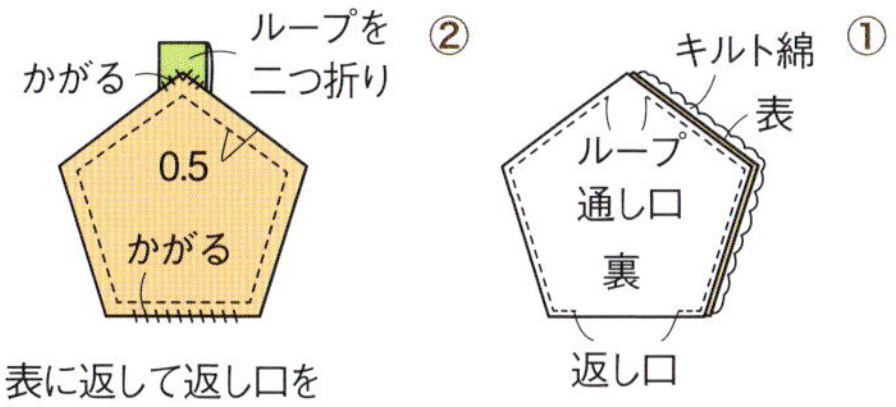

表に返して返し口をとじ、二つ折りしたループを差し込んで縫い止める
3枚まとめてステッチ（キルティング）をする

表布と裏布を中表に合わせキルト綿に重ねて返し口を残し、五角形6枚はループ通し口も残して周囲を縫う

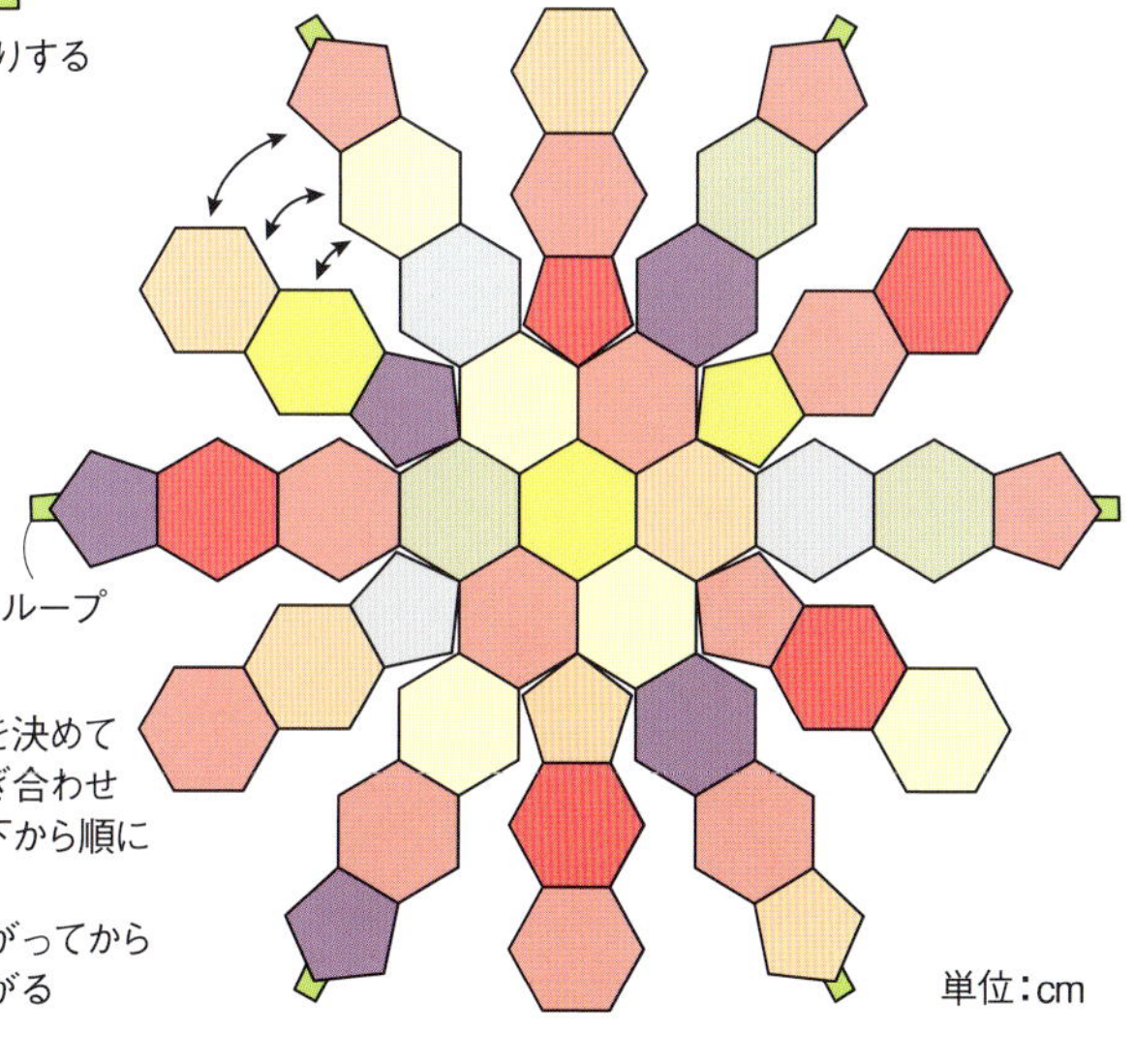

作り方

底のモチーフを決めて図のように接ぎ合わせ隣り合う辺を下から順に接ぎ合わせる
表布同士をかがってから裏布同士をかがる

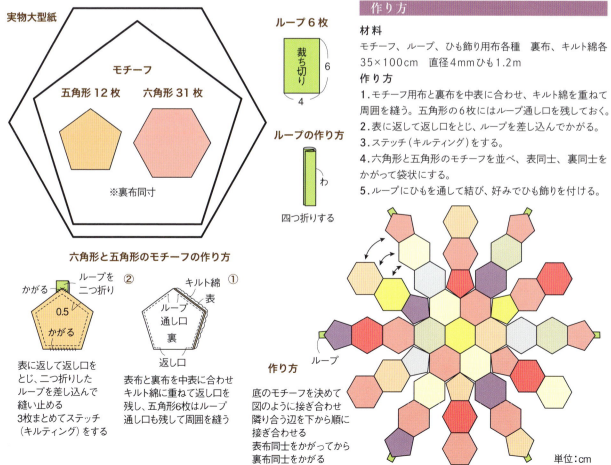

小さな布をいちばん使いやすい形が、四角つなぎです。いろいろな形に残った着物を、5㎝角などの大きさに揃えてカットしてためておきます。たくさんたまってきたら色や柄を合わせて縫いつなぎます。柄布だけでつないでもかわいいですが、無地と市松模様につなぐとすっきりとまとまります。

上の4枚は、右上がストールです。グレーの布は留袖だったもの。裏に繊細な刺繍部分を使いました。とても上品な一枚です。右下は、四角つなぎの小さめの敷物です。柄部分はすべて桜づくし。裏布も桜と鼓の柄です。左上は1㎝ほどの大きさの小さな小さなお手玉です。長方形4枚から作ります。左下は3㎝角の四角形を1892枚つないだ敷物。62×240㎝あるので、テーブルランナーや棚などの広い場所にも十分なサイズ。

四角つなぎの半てん。裏布に使った布の色が個性的です。

大きな柄などお人形さんの着物に向かない着物は洋服としてリメイクします。よく作るのは半てん。想像以上に暖かくて便利です。半てんは地味なものが多いのですが、自分で作るなら思い切ってかわいい柄を使うのもいいと思います。裏布も表に合わせて子供の柄で楽しく布合わせしました。

洋服へのリメイクは、柄が大事。右の子供のお出かけ用ワンピースは、華やかな大柄を使いました。大人用として使うにははでに感じますが、子供用ならば愛らしいとっておきの一枚になります。左は大人用のワンピースとお揃いのバッグです。シンプルですが和布ならではの柄と青がとても美しくて目を引きます。

協力

伊藤熙子
川村政子
福井真由美
矢口博子
山内浩子
山下真由美

staff

撮影　山本和正
デザイン　中田聡美
型紙　遊佐智子
編集　恵中綾子（グラフィック社）

ちいさな着物遊び

縫って 飾って お人形さんに着せて
布合わせから仕立て方まで

2016年9月25日　初版第1刷発行
2018年1月25日　初版第2刷発行

著　者　ギャラリー古古　大井とき江
発行者　長瀬 聡
発行所　株式会社グラフィック社
〒102-0073
東京都千代田区九段北1-14-17
tel. 03-3263-4318（代表）
03-3263-4579（編集）
fax. 03-3263-5297
郵便振替　00130-6-114345
http://www.graphicsha.co.jp
印刷製本　図書印刷株式会社

ISBN978-4-7661-2844-4　C2076

ギャラリー古古
大井とき江

京都市出身、滋賀県在住。古布を愛する市松人形の着物作家。長年和裁の仕事につき、そこで磨いた技術を着物作りに生かしています。子供の頃からお人形遊びが好きで、創作人形作りから始まり、お人形さんの着物作りへと。長年、着物にふれてきた経験とセンスからお人形さんの着物の色合わせと柄合わせに定評があります。現在は、仲間との着物や小物作りのサークルを楽しんでいます。

● 本書の内容については、編集部あてにお電話か郵便でお問い合わせください。

65ページの衣桁の問い合わせ先

長田衣桁制作
〒447-0037　愛知県碧南市城山町4-5
tel.0566-42-0388
e-mail　y-osada@katch.ne.jp
お電話かメールでお問い合わせください。
基本サイズは4種類、900円～。特注サイズもオーダー出来ます。

撮影協力

いするの家　西原脩三記念館
〒389-0111
長野県北佐久郡軽井沢町千ヶ滝中区1000
tel.0267-45-0970
fax.0267-45-0971
http://www.d4.dion.ne.jp/~isr.k
軽井沢千ヶ滝の別荘地にある、研修宿泊施設。保養所としても利用でき、ゆっくりと軽井沢での時間を楽しめます。